AF503714

FACULTÉ DE DROIT DE PARIS

DU SÉNATUSCONSULTE VELLÉIEN

OU DE

L'INTERCESSION DES FEMMES

EN DROIT ROMAIN

ET DE

L'INCAPACITÉ DE LA FEMME MARIÉE

EN DROIT FRANÇAIS

THÈSE POUR LE DOCTORAT

PAR

CAMILLE BOUCHEZ

AVOCAT A LA COUR IMPÉRIALE DE PARIS

PARIS

IMPRIMERIE SIMON RAÇON, RUE D'ERFURTH, 1

1864

FACULTÉ DE DROIT DE PARIS

DU SÉNATUSCONSULTE VELLÉIEN

OU DE

L'INTERCESSION DES FEMMES

EN DROIT ROMAIN

ET DE

L'INCAPACITÉ DE LA FEMME MARIÉE

EN DROIT FRANÇAIS

THÈSE POUR LE DOCTORAT

PAR

CAMILLE BOUCHEZ

AVOCAT À LA COUR IMPÉRIALE DE PARIS

L'acte public sur les matières ci-après sera soutenu le vendredi, 1er avril, à midi, en présence de M. l'inspecteur général GIRAUD.

PRÉSIDENT : M. DEMANGEAT.

SUFFRAGANTS : MM. VALETTE, COLMET-DAAGE, BATAUD, Professeurs. GIDE, Agrégé.

PARIS

IMPRIMERIE SIMON RAÇON, RUE D'ERFURTH, 1

1864

A MON PÈRE ET A MA MÈRE

PREMIÈRE PARTIE

DROIT ROMAIN

DU

SÉNATUSCONSULTE VELLÉIEN

OU DE

L'INTERCESSION DES FEMMES

SOURCES. — *Sentences de Paul*, liv. II, tit. XI, ad S. C. Velleianum. — *Pandectes*, liv. XVI, tit I, ad S. C. Velleianum. *Code de Justinien*, liv. IV, tit. XXIX, ad S. C. Velleianum. *Novelles* LXI, ch. I, et CXXXIV, ch. VIII.

CHAPITRE PREMIER

GÉNÉRALITÉS SUR LA CONDITION DES FEMMES DANS LE DROIT ROMAIN.

1. On ne trouve guère chez les philosophes et les législateurs anciens de notions exactes sur les femmes; et il n'est pas une nation qui, avant le christianisme, leur fit une condition digne et équitable.

Les premiers Romains, comme bien d'autres peuples barbares ou policés, traitèrent leurs femmes avec une grande rigueur. S'il en faut croire Plutarque,

Numa, qui cependant ne dédaignait pas les conseils d'une nymphe, aurait interdit aux femmes de parler, « encore que ce fût pour chose nécessaire, sinon en la présence de leurs maris [1]. » Quoi qu'il en soit de cette dure prohibition, et sans parler de l'ordre public d'où les femmes furent toujours exclues, elles ne jouissaient dans l'ordre privé que d'une personnalité fort restreinte. Filles, elles étaient soumises à la puissance alors illimitée du père de famille ; mariées, elles ne faisaient que changer de maître, et la *manus* de leur mari ne pesait pas moins durement sur elles que la puissance paternelle de leurs auteurs.

2. Devenaient-elles indépendantes, *sui juris, matres-familias*, aucune puissance ne leur était accordée sur leurs enfants, et elles devenaient ainsi, comme dit Ulpien, la tige et le sommet de leur famille : *mulier autem familiæ suæ et caput et finis est.* (L. 195, § 5, *de verb. sig.*, D., 50, 16.) Mais les femmes ne devenaient pas pour cela maîtresses d'elles-mêmes ; elles trouvaient dans la personne de leur agnats des tuteurs inquiets et jaloux, dont l'autorisation leur était nécessaire pour les moindres actes de la vie civile. C'est donc avec raison que Tite Live met dans la bouche de Caton ces paroles rudes et sévères comme les mœurs qu'elles rappellent : « Majores nostri nullam ne privatam quidem rem agere feminas sine auctore voluerunt..... in manus esse parentium, fratrum, virorum. » Cette complète et con-

[1] Plutarque, *Comparaison de Lycurgue avec Numa*, ch. VII.

stante dépendance des femmes était une conséquence forcée de l'organisation que la famille avait reçue à Rome. Le *paterfamilias* y était tout-puissant : il y remplissait les fonctions d'une magistrature domestique dont les femmes étaient nécessairement exclues.

5. Cet état de choses ne dura pas longtemps dans toute sa rigueur. Il devint bientôt plus apparent que réel, grâce à l'irrésistible influence des femmes et à leur ascendant d'autant plus redoutable que le plus sévère législateur ne peut rien contre lui. Alors commence une longue période de luttes entre les femmes qui aspirent à l'émancipation et qui entraînent à leur cause bon nombre de citoyens, voire même de jurisconsultes, et les champions obstinés du vieux droit qui résistent toujours et qui l'emportent quelquefois. La *manus* devient moins fréquente, et elle cesse même d'être le droit commun, puisque nous voyons le régime dotal s'introduire dans la législation. Le mari peut, au lieu de nommer un tuteur à sa femme, lui conférer le droit de se le choisir elle-même (Gaius, C. I. §§ 144 à 150.) C'est l'*optio tutoris* que Tite Live mentionne comme existant déjà vers l'an 550 de Rome [1]. — Bientôt les jurisconsultes inventent à l'usage des femmes des moyens ingénieux de se débarrasser de leurs tuteurs et de les remplacer par d'autres plus dociles à leurs fantaisies. (Gaius, C. I, § 115.) D'ailleurs les tuteurs des femmes avaient en réalité perdu leur pou-

[1] Tite Live, XXXIX, XIX.

voir ; ils n'intervenaient guère plus que pour la forme (Gaius, C. I, § 190), et Cicéron pouvait dire avec raison : « Cum permulta præclare legibus essent constituta, ea jurisconsultorum ingeniis pleraque corrupta et depravata sunt. Mulieres omnes propter infirmitatem consilii, majores in tutorum potestate esse voluerent. Hi invenerunt genera tutorum qui potestate mulierum continerentur [1].»

4. Deux lois vinrent successivement sanctionner cet abandon des mœurs primitives. La première fut la loi Popia Poppæa, portée sous Auguste, qui dispensa de la tutelle les femmes ingénues lorsqu'elles avaient trois enfants et les affranchies lorsqu'elles en avaient quatre. La seconde est la loi Claudia qui, sous l'empereur Claude, an 46 de J. C. supprima la tutelle légitime des agnats. (Gaius, C. I, § 157.) J'ai dit que toute autre tutelle, sauf celle du père émancipateur et celle du patron, n'existait déjà plus sur les femmes que pour la forme. Cette forme même disparut dès Constantin, et la tutelle des femmes ne fut bientôt plus qu'un souvenir.

5. Les femmes, débarrassées de la tutelle et de la *manus*, restèrent néanmoins frappées d'un certain nombre d'incapacités juridiques, soit en vertu de lois spéciales, soit en raison de l'organisation même de la société romaine. C'est ainsi qu'une loi Oppia, an 556 de Rome, défendit aux femmes le trop grand luxe

[1] Cicéron, *Pro Murena*, ch. XII.

dans leurs ajustements. Cette loi fut abrogée en 556, à la suite d'une émeute des dames romaines, et en dépit de la résistance de Caton. Mais celui-ci s'en vengea en faisant passer, avant de mourir, la loi Voconia[1], plébiscite rendu en l'an 585 de Rome, ayant pour but de frapper les femmes d'une certaine incapacité de recevoir par testament. Cicéron dit que cette loi, « utilitatis virorum gratia rogata in mulieres plena est injuriæ[2]. »

En matière d'hérédités *ab intestat*, il fallut les sénatusconsultes Tertullien et Orphitien, rendus, le premier sous Adrien, le second sous Marc-Aurèle, pour que les femmes fussent admises à la succession de leurs enfants, et ceux-ci à celle de leur mère.

6. En outre, les femmes ne purent jamais prétendre à rien de ce qui était considéré comme une charge publique ou comme un attribut de la qualité de citoyen, ce que l'on appelait *officia virilia* ou *civilia*. (L. 2, *de reg. juris*, D., 50, 17.) Ainsi, elles ne pouvaient exercer ni la puissance paternelle, ni la tutelle ou la curatelle (LL. 16 et 18 *de tutelis*, D., 26, 1), ni adopter (Gaius, C. 1, § 104), ni gérer aucune magistrature, ni être choisies pour juges, ni se porter accusatrices, si ce n'est dans certains cas exceptionnels (L. 8, Pr., *de procurator.*, D., 3, 3), ni figurer, du moins comme demanderesses, dans un *judicium legitimum*, si ce n'est pour exercer la *dotis actio* (l. 8, *de procurat.*, D., 3, 3,

[1] Cic., *de Senect.*, V.
[2] Cic., *de Republica*, etc. III, XII.

et L. 22, §§ 4, 10 et 11, *sol. matrim.* D., 24, 3), ni, dans tous les cas, prendre la parole en personne devant les juges [1].

7. Les femmes ne pouvaient pas non plus être adro gées (G., C. 1, § 101), parce que, suivant les expressions d'Aulu-Gelle, *cum fœminis nulla comitiorum communio est*, ni, pour la même raison, tester aussi longtemps que le testament ne put se faire que *calatis comitiis*. Plus tard même elles ne testaient valablement qu'à condition d'avoir fait la *coemptio* (G., C. 1, § 115 *A*.).

8. Il était encore interdit aux femmes de figurer comme témoins dans une mancipation (G., C. I, § 119) ou dans un testament (L. 20, § 6, *qui test. fac. pos.*, D., 28, 1, et Inst., 2, 10, § 6), de se rendre cessionnaire d'une créance, d'exercer l'office d'*argentarius* (L. 12. *de ed.*, D., 2, 13), d'intervenir en justice pour des tiers ou de les y représenter en qualité de *procuratores* (Inst. 4, 13, § 11), et, en général, d'intercéder pour autrui. En un mot, les jurisconsultes n'avaient point pensé que le droit de s'immiscer dans les affaires des autres fût compatible avec la faiblesse ou la légèreté d'esprit et l'ignorance des affaires qu'ils avaient coutume de reprocher aux femmes, et ils avaient jugé que la pudeur de leur sexe leur défendait

[1] Plutarque rapporte « qu'étant un jour advenu, qu'une femme plaida elle-mesme en personne sa cause en pleine audience devant les juges, le Sénat qui en fut adverty, envoya incontinent devant l'oracle d'Apollo, pour enquerir ce que cela pronostiquait devoir arriver à la ville. » Plut. traduit par Amyot. *Compar. de Lycurgus avec Numa Pompilius*. ch. VII.

de se produire au dehors dans les comices ou autres assemblées publiques. (L. 21, *de procurat.*, C. 2, 13. et L. 14, § 1, *de ædilit. ed.*, D., 21, 1.) La capacité des femmes se bornait donc à l'administration de leur propre fortune, et elle cessait, pour ainsi dire, au seuil de leur maison.

9. Parmi les diverses incapacités dont les femmes étaient frappées dans le droit romain, j'ai signalé en dernier lieu celle d'intercéder pour autrui, qui fut l'objet de plusieurs dispositions législatives. La dernière et la plus importante de ces dispositions est le sénatus consulte Velléien qui va maintenant m'occuper d'une manière toute spéciale.

CHAPITRE II

§ Ier. — Dispositions relatives à l'intercession [1] des femmes antérieures au sénatusconsulte Velléien.

10. La défense d'intercéder pour autrui avait été faite aux femmes dès le temps de la république, car Ulpien la mentionne dans son commentaire sur Sabinus (L. 2, *de reg. juris*, D.). Elle fut sans doute introduite par les prudents, et les édits d'Auguste et de Claude, dont il est parlé à la loi 2 de notre titre, ne firent que la confirmer en l'appliquant spécialement

[1] J'emploierai dorénavant, faute d'autre expression plus propre à rendre la même idée, les mots *intercéder*, *intercession*, dans le sens des mots latins correspondants, *intercedere*, *intercessio*.

au cas où elle devait être le plus utile, celui où les femmes intercéderaient pour leur mari. Mais, soit que les édits dont il s'agit n'aient prévu que cette dernière hypothèse, soit qu'ils aient compris *a fortiori*, dans l'intention de leurs auteurs celle où les femmes intercéderaient pour des étrangers, on ne tarda pas à en conclure qu'elles pouvaient en effet intercéder pour des hommes qui n'étaient pas leurs maris ou pour d'autres femmes. C'est ce que paraît indiquer Paul, dans ses Sentences (L. 2, t. XI, § 1), et Ulpien à la loi 2, § 1, de notre titre, quand il dit que par le sénatusconsulte Velléien : *Plenissime fœminis omnibus subventum est*. Cela signifie que ce sénatusconsulte défendit à toutes les femmes, sans distinction de rang ni de qualité, d'intercéder, soit pour leurs maris, soit pour d'autres hommes, soit pour des femmes, et qu'ainsi, il fut plus complet ou plus explicite que les dispositions qui l'avaient précédé. D'ailleurs, tout porte à croire que, même avant le sénatusconsulte Velléien et malgré quelques dissentiments, la jurisprudence était généralement fixée dans le sens de l'incapacité la plus complète des femmes en ce qui concerne l'intercession ; c'est un point sur lequel j'aurai bientôt occasion de revenir.

§ Iᵉʳ. — Date du sénatusconsulte Velléien. — Son texte.

11. Ulpien, à la loi 2 pr. et § 1, D., h. t., nous indique que le sénatusconsulte Velléien n'est pas antérieur à Claude, et il résulte de la L. 16, § 1, qu'il

n'est pas non plus postérieur à Vespasien, puisque Julien y repousse une interprétation de ce sénatusconsulte donnée par Gaius Cassius, jurisconsulte qui mourut sous Vespasien. (L. 2, § 47, *de orig. juris*, D. 1, 2.). Tout porte à croire que le sénatusconsulte Velléien est du temps de Claude lui-même. En effet, les sénatusconsultes suivaient ordinairement de près les édits des princes dont ils étendaient ou restreignaient la portée, tout en les confirmant. De plus, les consuls Marcus Junius Silanus et Velleius Rufus, désignés dans les fastes consulaires pour l'année 46, sous le règne de Claude, paraissent bien être les mêmes que le Marcus Silanus et le Velleius Tutor, indiqués par Ulpien dans la loi 2, comme ayant proposé le sénatusconsulte qui prit le nom de l'un deux. Ajoutons que du règne de cet empereur datent plusieurs dispositions sévères contre les femmes [1], « auxquelles on cherche a reprendre par les lois une partie de ce que les mœurs avaient enlevé à leur antique dépendance [2]. »

12. Voici, d'après Ulpien (L. 2, § 1, D. h. t.) le texte du sénatusconsulte Velléien :

Quod Marcus Silanus et Velleius Tutor, consules, verba fecerunt de obligationibus fœminarum, quæ pro aliis reæ fierent, quid de ea re fieri oportet, de ea re ita consuluerunt :

Attendu que les consuls Marcus Silanus et Velleius Tutor nous ont entretenus des obligations des femmes qui se constitueraient débitrices pour d'autres et de ce qu'il convient

[1] Tacite, *Ann.*, l. II, n° 85, — l. XII, n° 53.

[2] M. Troplong, *du Cautionnement*, n° 179.

quod ad fidejussiones et mutui dationes pro aliis, quibus intercesserint fœminæ pertinet, tametsi ante videtur ita jus dictum esse, ne eo nomine ab his petitio neve in eas actio detur, cum eas virilibus fungi, et ejus generis obligationibus obstringi non sit æquum, arbitrari senatum recte atque ordine facturos, ad quos de ea re in jure aditum erit, si dederint operam ut in ea re senatus voluntas servetur.

de faire à ce sujet, nous y avons ainsi pourvu après délibération : en ce qui concerne les fidejussions et les emprunts pour d'autres, au moyen desquels les femmes auraient intercédé, bien qu'auparavant le droit semble s'être fixé en ce sens qu'à ce titre on ne donne contre elles ni action personnelle ni action réelle, parce qu'il n'est pas juste que les femmes remplissent des charges viriles et soient liées par des obligations de ce genre, le sénat est d'avis que ce sera agir sagement et régulièrement de la part de ceux à qui on se présentera en justice à raison de ces faits, s'ils veillent à ce que, sur ce point, la volonté du sénat soit observée.

13. Il faut convenir que le texte de ce sénatusconsulte manque un peu de cette précision et de cette clarté qu'on est habitué à rencontrer dans les dispositions législatives que nous ont transmises les jurisconsultes romains. J'en ai déjà indiqué le motif, et il ressort à n'en pas douter des termes mêmes dans lesquels le sénat a exprimé sa décision. C'est qu'il a eu simplement pour but de maintenir et de confirmer une pratique déjà établie et de sanctionner formellement le système généralement suivi d'après lequel les femmes étaient frappées de l'incapacité la plus absolue d'in-

tercéder pour autrui. Approuver l'ancien droit (*Tametsi ante videtur ita jus dictum esse*), et enjoindre aux magistrats d'avoir à s'y conformer en toute occasion, (*.... si dederint operam, ut in ea re senatus voluntas servetur*), voilà toute la portée du sénatusconsulte Velléien.

§ III. — Motifs du sénatusconsulte Velléien.

14. Les commentateurs du droit romain ont assigné des motifs différents à l'incapacité des femmes en matière d'intercession. Les uns n'ont vu dans le sénatusconsulte Velléien qu'une mesure de défiance ou de protection à l'endroit d'un sexe naturellement léger, faible et inexpérimenté [1]. D'autres ont trouvé dans sa disposition, une conséquence logique de l'incapacité générale dont les femmes étaient frappées de remplir aucun office civil ou public, et ils ont cru que la défense d'intercéder reposait sur un motif purement politique [2].

15. Selon moi, la vérité n'est ni dans l'un ni dans l'autre de ces deux systèmes opposés, et, tout en admettant que le second s'en approche davantage, je crois indispensable de faire quelques concessions au premier. En effet, il n'est pas contestable, en présence des termes mêmes du sénatusconsulte, qu'il soit fondé

[1] *Vinnius, selectæ juris quæstionum*, l. I, ch. XLVIII. — Merlin, *Rép. de jurispr.*, v° S. C. Velléien. § 1er, I.

[2] M. Troplong, *Cautionnement*, n°s 176-181. — *Adde*, Cujas, Doneau et Pothier.

d'abord sur un motif d'ordre public et qu'une idée politique ait présidé à sa rédaction ; il suffit de se rappeler ces mots : « Cum eas virilibus officiis fungi, et ejus generis obligationibus obstringi non sit æquum. »

Si cela ne dispensait de toute autre démonstration, je pourrais citer encore la loi 1, § 1, D. h. t., où on lit : « Nam sicut moribus civilia officia adempta sunt fœminis.... » La loi 2, *de regulis juris*, D, 50, 17, qui montre que par *virile* ou *civile officium*, on entend, comme dit Doneau [1], « omnis opera quæ in rebus et negotiis alienis cognoscendis tractandisve ponitur, » la loi 1, § 5, *de postulando*, D., 3, 1, qui s'exprime ainsi : « Ne contra pudicitiam sexui congruentem alienis causis se immisceant : ne virilibus officiis fungantur mulieres », enfin les lois 12, § 2, *de judiciis* D, 5, 1 ; 21 *de procurat.* C. 2, 13, et 6, de *arbitris receptis*, C. 2, 56, où l'on retrouve toujours la même idée.

16. Ces textes s'expriment, il est vrai, tout autrement que ne fait par exemple la loi 1, pr. *de minoribus*, D., 4, 4, motivant une mesure de surveillance et de protection. On ne peut nier que l'idée politique ait préoccupé avant tout le sénat à ce point que la jugeant suffisante, il l'a seule mentionnée comme raison de sa décision. Mais il y a loin de là à conclure que toute idée de protection y soit étrangère, surtout quand le contraire ressort évidemment des expressions em-

[1] Doneau, *Comment. de jure civ.* l. XII, ch. XXX.

ployées par Ulpien dans les §§ 2 et 3 de la loi 2 D. h. t. : « Opem tulit mulieribus propter sexus imbecillitatem..... Deceptis mulieribus opitulatur..... Infirmitas fœminarum auxilium meruit. »

D'ailleurs, nous verrons bientôt que la femme à qui on fait défense de s'obliger pour autrui, c'est-à-dire de se lier par des engagements dont l'exécution pourra tôt ou tard être réclamée contre elle, est au contraire parfaitement capable de faire une libéralité ou d'abandonner une garantie (LL. 4, § 1, 8 pr., 21, § 1, D., et 21 C., h. t.). Or, cela ne peut s'expliquer qu'en admettant que le sénatusconsulte Velléien a eu pour but de protéger les femmes, et cela est aussi rationnel qu'équitable, car, s'il faut convenir avec M. Troplong que le sénat, en l'édictant, avait plutôt sous les yeux la vieille constitution républicaine qu'une philosophie quintescenciée du caractère féminin, il faut cependant bien admettre qu'il connaissait assez ce caractère pour savoir que les femmes sont promptes à se faire illusion, et qu'on se laisse aller plus facilement à promettre pour l'avenir qu'à faire des sacrifices réels dont on apprécie mieux la valeur parce qu'on en ressent immédiatement le préjudice[1].

[1] Conf., M. E. Dubois, Thèse pour le doctorat, p. 17, et M. Demangeat, à son cours. — Voy. aussi M. Laboulaye, *Condition des femmes*, p. 72.

CHAPITRE III

PERSONNES AUXQUELLES S'APPLIQUE LE SÉNATUSCONSULTE VELLÉIEN.

17. J'ai dit que le sénatusconsulte Velléien a pour objet la confirmation d'une incapacité particulière des femmes, c'est donc à celles-ci qu'il s'applique, et à toutes, quels que soient leur rang, leurs priviléges ou leur fortune : *Fœminis omnibus subventum est*, dit Ulpien, *sine descrimine ; sine delectu*, ajoute Cujas. Cela s'entend évidemment des femmes qui sont d'ailleurs capables de s'obliger. Défendre aux autres de contracter telles ou telles obligations déterminées, serait chose tout au moins superflue. Ainsi, le sénatusconsulte Velléien ne s'applique pas aux filles non encore nubiles, qu'elles soient en puissance paternelle ou en tutelle, ni, aussi longtemps que dure la tutelle des femmes, à celles même nubiles qui sont en tutelle surtout si elles ont pour tuteurs leur agnats ou leurs patrons (G. C. §§ I, 190-192 ; C. III., §§ 91 et 108.). Au contraire, il atteint toutes les femmes *sui juris* et nubiles, mariées ou non, qui ne sont pas *in tutela* ou *in manu*, ce qui est l'hypothèse la plus fréquente à l'époque de Claude, et ce qui devient bientôt une règle sans exception. Quant à savoir si la *filiafamilias* peut contracter des dettes, et si en conséquence elle est frappée de l'incapacité spéciale sanctionnée par le sénatusconsulte Velléien, c'est une question encore con-

troversée aujourd'hui, et qu'il n'est pas hors de propos d'examiner brièvement.

18. Malgré l'avis contraire de Cujas et de plusieurs jurisconsultes allemands, je n'hésite pas à me ranger sous ce rapport à l'opinion si judicieusement motivée par M. de Savigny [1] et enseignée par mon savant professeur, M. Demangeat [2]. Selon moi, la *filiafamilias* est tout aussi capable de s'obliger que le fils de famille ; peu importe d'ailleurs qu'elle puisse ou non être poursuivie en justice à raison de ses obligations (Ulp., *reg.*, XI, § 27). Cela est conforme aux principes généraux du droit romain et n'est contredit par aucun texte décisif, car je ne puis considérer comme tel la loi 3, § 4, *commodati*, D. 13, 6, ni la loi 141, § 2, *de verb. oblig.*, D. 45, 1, dans laquelle il ne s'agit que de la fille de famille impubère. C'est en vain qu'on a voulu aussi tirer argument d'un texte d'Ulpien (*reg.*, 11, § 27), dans lequel le jurisconsulte n'a en vue que les femmes pouvant avoir un tuteur, et du paragraphe 99 des *Fragmenta Vaticana*, qui n'indique pas une application de la règle générale sur la question qui nous occupe, mais une dérogation à cette règle en ce qui concerne la *dotis datio*. Cette interprétation est incontestable comme le système que je soutiens, en présence de la loi 9, § 2, *de Senatusconsulto Macéd.* D. 14, 6, où nous lisons : « Hoc senatus-consul-

[1] M. de Savigny, *Traité de Droit romain*, t. II, App. 5.

[2] M. Demangeat, à son cours, sur le § 6 du titre *de inutilibus stipulationibus*. — Conf. M. Ortolan, n° 1302.

tum et ad filias quoque familiarum pertinet. » Je ne veux pas faire à Ulpien l'injure de soupçonner qu'il ait écrit cette phrase, si le droit commun n'eût pas été pour la *filiafamilias* la capacité de contracter des dettes. Il faut avouer du reste que mes adversaires ne le veulent pas davantage, puisqu'ils rejettent toute la faute sur Tribonien et ses confrères, à qui ils reprochent dans l'espèce une malencontreuse interpolation. Un pareil reproche est toujours une explication commode et souvent trop fondée, mais encore n'a-t-on pas le droit de l'employer lorsqu'elle ne s'appuie sur aucun texte et surtout lorsqu'elle tend à établir une dérogation aux principes généraux du droit.

19. Il faut donc admettre que la *filiafamilias* était, en droit romain, parfaitement capable de s'obliger et que, par conséquent, la disposition du sénatusconsulte Velléien devait lui être applicable.

CHAPITRE IV

DES ACTES INTERDITS AUX FEMMES PAR LE SÉNATUSCONSULTE VELLÉIEN

20. Ce que le sénatusconsulte Velléien défend aux femmes, c'est d'intercéder pour autrui : « Velleiano senatusconsulto plenissime comprehensum est ne pro ullo fœminæ intercederent, » dit Paul, à la loi 1, pr., D. h. t. J'ai donc à me demander : 1° Ce que c'est que l'intercession, et à quelles conditions elle a lieu ;

2° quelles sont les principales hypothèses dans lesquelles elle peut se présenter; 3° en faveur de quels débiteurs elle est défendue; 4° à l'égard de quels créanciers; 5° enfin, je passerai en revue certains actes qui, bien qu'ils en paraissent, ne constituent pas des intercessions et par conséquent ne sont pas soumis aux dispositions du sénatusconsulte Velléien.

§ Ier. — Ce que c'est que l'intercession. — Conditions indispensables pour qu'elle existe.

21. On entend par *intercessio*[1], tout acte par lequel une personne intervient, sans y avoir un intérêt personnel, entre le créancier et le débiteur pour garantir à l'un le payement de la dette de l'autre, en obligeant elle-même sa personne ou ses biens envers le premier. Telle est la définition de l'*intercessio*, non pas en général, mais au point de vue particulier du sénatusconsulte Velléien.

Pris dans son sens le plus large, le mot *intercessio* comprend toute obligation pour autrui, mais il n'est guère utile de l'envisager dans ce sens, puisque la question de savoir si tel acte constitue ou non une *intercessio*, c'est-à-dire une obligation *pro alio*, ne

[1] Le mot *intercessio* a, dans le langage juridique des Romains, une autre signification. Il désigne l'exercice du droit qui appartenait à tout magistrat de s'opposer à l'exécution d'un acte quelconque émanant d'un autre magistrat de rang égal ou inférieur. Le fameux *veto* que les historiens nous représentent si souvent mis en usage surtout par les tribuns du peuple, était une intercession dans le sens que nous venons de dire.

présente d'intérêt qu'au point de vue de l'application du sénatusconsulte Velléien[1].

23. D'après la définition que je viens de donner, il est facile de distinguer les diverses conditions que doit réunir un acte pour contenir une intercession. Ces conditions sont au nombre de cinq. Il faut : 1° que celui qui veut intercéder, traite avec le créancier ; 2° qu'il oblige envers lui sa personne ou ses biens ; 3° qu'il garantisse ou prenne à sa charge l'obligation d'un tiers ; 4° qu'il n'ait pas d'intérêt personnel ; 5° qu'il ne s'oblige pas *animo donandi* de manière à libérer celui pour qui il intercède. Toutes ces conditions étant réunies, le sénastusconsulte Velléien s'applique, quelques détours que les parties aient essayé de prendre pour éluder sa disposition. Au contraire, l'une de ces conditions venant à manquer, le sénatusconsulte Velléien cesse de s'appliquer, et nous verrons par la suite que rien n'est plus rationnel, parce qu'alors les motifs sur lesquels est fondée sa prohibition, cessent par là même d'exister.

§ II. — Principaux cas où il y a *intercessio*, et où on trouve par conséquent l'application du sénatusconsulte Velléien.

23. Les cas d'intercession sont nombreux, et ils ont été classés diversement par les jurisconsultes anciens

[1] Cependant il peut encore être intéressant de savoir si un acte fait par un esclave constitue une *intercessio*, parce qu'alors l'action *de peculio* n'est pas donnée contre le maître. V. l. 3, §§ 5 et 9, *de peculio*, D. 15, 1.

et modernes. Il faut d'abord remarquer avec Ulpien (L. 2, § 4, D.) qu'il peut y avoir intercession, quelle que soit d'ailleurs la forme du contrat qui a donné naissance à l'obligation : « omnis omnino obligatio senatusconsulto Velleiano comprehenditur : sive verbis, sive re, sive quocumque alio contractu intercesserint. »

24. On a distingué deux espèces d'intercession, suivant que la femme s'oblige elle-même ou oblige seulement sa chose, et on a ainsi classé les différents cas dans lesquels la femme s'oblige elle-même : 1° elle prend à sa charge une obligation étrangère ; 2° elle participe à une obligation étrangère ; 3° elle s'interpose de manière à se trouver obligée principalement à la place de celui pour qui elle veut intercéder.

Cette subdivision a surtout pour base l'étendue de l'obligation de la femme, et, en cela, elle se rapproche du classement adopté par la science allemande, qui reconnait deux sortes d'intercession : l'intercession *privative* et l'intercession *cumulative*. La première a lieu lorsque l'intercédant s'oblige au lieu et place du débiteur primitif, lequel est libéré. La seconde, lorsque l'intercédant est obligé sans que le débiteur primitif cesse de l'être lui-même. On dit en outre que cette dernière est *principale*, quand le créancier peut, à son choix, poursuivre comme obligé principal le débiteur primitif ou l'intercédant ; qu'elle est au contraire *accessoire* lorsque l'intercédant n'est tenu que subsidiairement et qu'il peut forcer le créancier à discuter le débiteur principal avant de recourir contre lui [1].

25. Cette division présente incontestablement des points de vue intéressants. Cependant, comme le sénatusconsulte Velléien a pour but de réduire à néant certaines obligations contractées par les femmes, il est plus important de savoir quand il existe des obligations de ce genre et de rechercher comment elles se forment, que d'en connaître l'étendue. C'est pourquoi je m'attacherai de préférence à une autre division indiquée par les textes (LL. 8, § 1, D., 4 et 18, C. h. t.) et par le sénatusconsulte Velléien lui-même: «... Quod ad fidejussiones et mutui dationes pro aliis...» et adoptée, du moins implicitement, par Cujas, Doneau et Pothier. Je distinguerai suivant que la femme prend à sa charge seule ou concurremment avec le débiteur originaire une obligation préexistante, ou au contraire qu'elle contracte *ab initio* au lieu et place de celui qui devait devenir débiteur. Du reste, j'indiquerai sous chaque espèce l'étendue de l'obligation qui incomberait à la femme, si le sénatusconsulte Velléien ne venait la protéger.

I. — Cas où la femme prend à sa charge une obligation préexistante.

26. La femme intercède de cette manière :

A. Dans *l'adpromissio*, lorsqu'elle s'oblige *verbis* par exemple, accessoirement à une autre personne. (L. 5,

[1] Voir M. E. Dubois. Thèse pour le doctorat, p. 26, et les auteurs allemands cités dans cet ouvrage.

§ 2, *de verb. oblig.* D., 45. 1.) Elle est alors tenue pour le tout, et le créancier n'est pas obligé de poursuivre d'abord le débiteur originaire.

27. *B.* Dans *l'expromissio*, qui n'est autre chose que la novation par changement de débiteur, c'est-à-dire l'acte par lequel le créancier décharge son débiteur et en accepte un autre en sa place, l'*expromittens* (Inst., liv. III, t. XXIX, § 3). Ainsi entendue *lato sensu*, *l'expromissio* comprend non-seulement la novation dont je viens de parler, et qui a lieu quand l'intercédant vient de lui-même s'obliger pour le débiteur, sans mandat de ce dernier, mais encore :

1° La délégation, qui a lieu lorsque le débiteur originaire donne mandat à l'intercédant de s'obliger pour lui, ce qui se fait soit par une stipulation, soit au moyen de la *litis contestatio*, (L. 11, pr. et § 1, *de novat.* D., 46, 1.)

2° La *defensio pro alio*, lorsque l'intercédant se présente en justice pour y prendre comme défendeur la place du débiteur et courir ainsi les chances de la condamnation. (L. 2, § 5, D. h. t. et l. 23, *de solut.* D. 46, 3.) On peut assimiler à la *defensio pro alio* le cas où la femme s'oblige par la réponse qu'elle fait à une *interrogatio in jure*, de manière à se trouver débitrice et comme telle exposée à des poursuites pour un autre (LL. 23 et 26, D. h. t.).

3° L'acte par lequel la femme compromet au nom d'un autre au lieu et place de qui elle se trouve obligée (L. 32, § 2, *de receptis*, D. 4, 8).

28. Dans tous les cas où il y a *expromissio*, l'intercession de la femme est privative, c'est-à-dire qu'elle est obligée principalement et que le débiteur primitif est libéré.

29. *C.* La femme intercède encore en prenant à sa charge une obligation préexistante, lorsqu'elle se porte fidéjusseur. L'intercession est alors cumulative principale dans l'ancien droit, puisque le créancier peut poursuivre à son choix le fidéjusseur ou le débiteur principal (L. 56, pr. *Mand.* D. 17, 1.), cumulative accessoire depuis la Novelle, 4, chap. 1, qui introduit au profit du fidéjusseur un bénéfice de discussion.

30. *D.* Il y a dans le *mandatum pecuniæ credendæ* une intercession semblable quant à sa nature et quant à son étendue (L. 32, *Mand.* D. 17, 1.)

31. *E.* Le constitut *pro alio*, c'est-à-dire le pacte par lequel on promet de payer la dette d'autrui, est encore pour la femme un moyen de prendre à sa charge une obligation préexistante. Il y a dans le pacte de constitut une sorte *d'expromissio*; seulement ici le débiteur primitif n'est pas déchargé (L. 28, *de pec. constit.* D. 13, 5.), et avant la Novelle 4, chap. 1, le créancier peut à son choix exercer ses poursuites contre lui ou contre le constituant. Depuis cette Novelle, dont les termes sont clairs et précis, je crois que le constituant doit être assimilé au mandant ou au fidéjusseur et qu'il jouit comme eux du bénéfice de discussion. Cependant, cette question a été et elle est encore controversée. La discuter ici, serait évidemment sortir

des limites de mon sujet. Je dirai seulement que la distinction qu'on a cru pouvoir faire des pactes de constitut en deux classes, à l'une desquelles seulement s'appliquerait la Novelle 4, chap. 1, me paraît tout à fait arbitraire en présence des termes formels de ce texte.

32. *F.* Enfin, la femme peut encore intercéder relativement à une obligation préexistante, en donnant sa chose en gage ou en l'hypothéquant pour la dette d'autrui. Les lois 8 pr. D., et 4 C. h. t. ne laissent aucun doute à cet égard. En effet, la femme n'est ici obligée que *propter rem;* mais encore elle est obligée, et cela suffit pour qu'il y ait lieu d'appliquer le sénatusconsulte Velléien. Il n'est pas besoin d'ajouter que l'intercession dont il s'agit est de celles qu'on appelle cumulatives accessoires, c'est-à-dire que la femme, si elle était tenue, pourrait toujours forcer le créancier à discuter le débiteur principal avant de recourir contre elle.

II. — Cas où la femme contracte ab initio *à la place de celui qui devait devenir débiteur.*

33. La femme intercède en contractant *ab initio*, en d'autres termes, elle prend à sa charge une obligation nouvelle lorsqu'elle s'engage directement envers une personne pour un débiteur qui aurait dû lui-même s'obliger si elle n'était pas intervenue. C'est ce qu'indique le sénatusconsulte par ces mots: *mutui dationes pro aliis.* Cujas fait remarquer avec raison que

le mot *dationes* est pris ici passivement. Il y a *mutui datio*, dit Accurce, lorsque la femme *a dante mutuum accepit quod alius erat accepturus*. Par une intercession de ce genre, la femme est seule obligée, puisque celui qui profite en définitive de l'opération est même dispensé de contracter. Seulement, la femme n'intercède pas ouvertement; il y a de sa part dessein de se soustraire au Velléien, comme dans le cas où, pour ne point paraître intercéder elle-même, elle interpose une autre personne. (LL. 30, § 1, et 32, § 2, D., h. t.) C'est pourquoi la bonne ou la mauvaise foi du créancier devra, comme on le verra plus tard, être prise en considération, quand il s'agira d'appliquer le sénatusconsulte. (LL. 4, 8, §§ 14 et 15; 11, 12, 27, 28, § 1; 29, pr., D., 1, 4, et 19, C. h. t.)

§ III. — De ceux pour qui il est défendu aux femmes d'intercéder.

34. J'ai déjà dit que le sénatusconsulte Velléien défendait aux femmes d'intercéder pour quelque débiteur que ce fût : « Velleiano senatusconsulto plenissime comprehensum est ne pro ullo fœminæ intercederent. » On trouve dans les textes des applications nombreuses de ce principe.

35. Aussi, la femme ne peut intercéder ni pour son mari, ni pour son père[1], ni pour son fils: « neque maritum, neque filium, neque patrem permittitur

[1] Aussi le refus par la fille de se porter fidéjusseur en faveur d'un de ses ascendants, n'est-il pas pour elle, comme pour le fils, une cause d'exhérédation. (Nov. CXV, ch. III, § 8.)

mulieri defendere, » dit Ulpien, L. 2, § 5, D., h. t. Elle ne peut intercéder pour une autre femme non plus que pour un homme (*Pauli sent.*, L. II, t. XI, § 1), pour son esclave ou pour celui d'autrui non plus que pour un homme libre (LL. 25, § 1; 9 et 32, § 5, D. h. t.), pour un pupille ou un mineur de vingt-cinq ans non plus que pour celui qui a dépassé cet âge (L. 8, § 15, D. h. t.). Toutefois, dans ce dernier cas, le pupille ne sera tenu que *quatenus locupletior factus est*, et le mineur de vingt-cinq ans pourra obtenir l'*in integrum restitutio*. (L. 8, § 15, D. h. t.) Il n'est même pas permis à une femme d'intercéder pour les magistrats qui ont nommé à ses enfants le tuteur qu'elle leur avait désigné, à moins, comme on le verra plus loin, que le décret de nomination n'indique expressément que ce tuteur a été donné *periculo mulieris*. (LL. 1 et 3, *si mater indemnit.*, C. 5, 46.)

36. Cependant quelques adoucissements avaient été apportés à cette défense absolue faite à la femme d'intercéder pour quelque personne que ce fût. On voit à la loi 41, *de procurat.*, D., 3, 3, qu'elle peut être admise, *causa cognita*, à représenter en justice ses parents empêchés par l'âge ou la maladie lorsque personne ne se présente pour le faire. D'après la loi 3, §§ 2 et 3, *de liberali causa*, D., 40, 12, la femme peut encore, à défaut d'autres personnes et *causa cognita*, comme dans le cas précédent, revendiquer la liberté (*litigare de libertate*), pour ses père et mère, pour ses enfants, pour ses frères et sœurs, pour

son mari, et cela quand même celui dont l'état est en question, voudrait s'y opposer.

§ IV. Auprès de quels créanciers il est défendu aux femmes d'intercéder.

37. La défense faite aux femmes par le sénatus-consulte Velléien s'applique indépendamment de la qualité du créancier envers qui a lieu l'intercession; ainsi est nulle l'intercession de la femme envers un pupille pour son tuteur (L. 6, § 2, C., h. t.), à moins que le décret du préteur ou du président de la province n'ait autorisé cette intercession en mentionnant que le tuteur est donné aux risques et périls de la mère (L. 3. *si mater indemnit.*, C. 5. 46). L'intercession de la femme est encore nulle, eût-elle lieu envers un mineur de 25 ans, à moins, comme je le dirai plus tard, qu'il ne soit plus possible de restituer son action à ce dernier (L. 12, *de minoribus*, D., 4. 4). Enfin, j'ajouterai avec la loi 27, § 1, D., h. t., que l'intercession de la femme est nulle lorsqu'elle a lieu envers un esclave, c'est-à-dire que le maître n'acquiert alors contre elle aucune action, et je ferai remarquer avec Papinien que cela n'est nullement contraire au principe que l'esclave ne peut rendre pire la condition de son maître (L. 135, *de reg. jur.* D., 50, 17); car ce dernier, dans l'espèce ne s'appauvrit pas, il ne perd rien, il manque seulement d'acquérir.

§ V. — De certains cas où l'acte fait par la femme ne constitue pas une intercession, et où par conséquent le sénatusconsulte Velléien ne s'applique pas.

38. Après avoir défini l'intercession, et déterminé les conditions nécessaires pour qu'elle existe, après avoir dit que quand elle émane d'une femme elle ne peut avoir lieu pour aucun débiteur envers aucun créancier, il suffirait à la rigueur d'ajouter que dans tous les cas où ne se retrouvent pas ces conditions par moi indiquées, il n'y a pas intercession et le sénatusconsulte Velléien ne s'applique pas. Cependant, il est bon de parcourir un certain nombre d'espèces spécialement prévues par les jurisconsultes romains dans lesquelles on croirait facilement à première vue reconnaître des intercessions, mais qui n'en contiennent pas en réalité et par conséquent ne peuvent tomber sous l'application du sénatusconsulte. Il est bien entendu que je parle toujours de l'intercession dans le sens du sénatusconsulte Velléien, c'est-à-dire exigeant les cinq conditions que j'ai énumérées au paragraphe premier. Je vais maintenant montrer que dans les espèces qu'il me reste à parcourir quelqu'une de ces conditions manque et partant il n'y a pas intercession.

39. I. La première condition que j'ai indiquée, c'est que l'intercédant traite avec le créancier. Tout acte qui intervient de la part d'une femme sans s'adresser à celui-ci, n'est pas une intercession.

40. *A.* Ainsi la femme peut faire adition d'une hérédité même onéreuse (L. 32, pr. ; D., h. t.), ou acheter l'hérédité déférée à un autre (LL. 13, pr. ; et 19, § 3, D., h. t.), à moins, dit Pomponius, qu'elle n'y ait été amenée par les manœuvres frauduleuses des créanciers héréditaires. Dans ce cas, l'acte de la femme serait considéré comme une intercession envers ces créanciers pour l'hérédité. Au contraire, en l'absence de manœuvres de ce genre, il n'y a pas intercession par une double raison : d'abord, parce que la femme ne traite pas avec le créancier; ensuite, parce qu'elle fait sa propre affaire.

41. *B.* La femme peut promettre à un débiteur de payer pour lui, sans qu'il y ait là de sa part intercession; c'est ce que nous voyons à la loi 19, pr. et § 2, D., h. t. Au Pr. de la loi 19, il s'agit d'une femme qui promet à un héritier institué de l'indemniser de tout ce qu'il pourra avoir à payer, à raison d'une tutelle gérée par le *de cujus*. Il n'y a pas là intercession, dit Cujas, car la femme a créé elle-même l'obligation. Elle ne s'est pas obligée pour l'héritier envers le tuteur, mais pour l'héritier envers lui-même. Or, on ne peut intercéder envers une personne pour la même personne; l'*intercessor* doit être *inter duos veluti medius quidam*.

42. Au contraire, il y a intercession dans l'hypothèse prévue par la loi 6, § 1, C., h. t. Il s'agit d'un tuteur qui hésite à accepter la tutelle, dans la crainte de n'avoir pas contre le pupille un recours efficace.

La mère du pupille intervient et garantit au tuteur l'efficacité de ce recours. Il y a là un acte qui tombe sous l'application du sénatusconsulte Velléien, parce que la femme s'engage envers le créancier. C'est ce qui est rendu par Voët, en termes fort clairs : « Tunc pro pupillis, tanquam ex tutelæ administratione ac judicio contrario futuris debitoribus intercedere censetur apud tutorem eadem ex tutela futurum creditorem : ut proinde hic inveniatur debitor pro quo, et creditor alius apud quem intercessio fit. »

43. Il y a encore intercession dans le cas inverse, celui où la mère demande au magistrat de nommer à son fils tel ou tel tuteur de la gestion duquel elle répond. (L. 6, § 2 ; C., h. t., et 1, *si mater indemnit*, C. 5, 46). En effet, la mère s'engage alors envers le pupille pour le tuteur, et on trouve, comme ci-dessus, « debitor pro quo et creditor alius apud quem intercessio fit. » Toutefois, il faut tenir tenir compte ici de l'exception mentionnée par la loi 3 *si mater indemnit*, pour le cas où le décret du magistrat porterait *tutorem matris periculo dari*. J'ai indiqué déjà cette exception qui reviendra en son lieu.

44. *C*. On trouve encore à la loi 19, § 2, un cas où il n'y a pas intercession par la même raison que la femme ne traite pas avec le créancier. Une femme donne mandat à un héritier de faire adition, et elle lui garantit qu'il ne sera pas obligé de payer aux créanciers héréditaires plus qu'il ne recevra des débiteurs du *de cujus*. On pourrait essayer de prétendre

qu'il y a intercession, parce que la femme est censée avoir garanti à l'héritier le dommage qui pourrait résulter pour lui de l'insolvabilité des débiteurs du défunt. Et, en effet, si l'on interprétait ainsi l'acte de la femme, il y aurait intercession de sa part envers l'héritier pour les débiteurs de l'hérédité. (L. 19, § 4, D., h. t.) Mais Africain repousse cette interprétation; la femme n'a garanti qu'une chose, ce qui causait la perplexité de l'héritier; son intention n'a pas été de répondre de l'insolvabilité des débiteurs de l'hérédité; elle n'a donc pas traité avec l'héritier comme créancier, mais elle a contracté envers lui une obligation qui n'a aucun rapport avec aucune autre obligation née ou à naître.

45. II. Une autre condition indispensable pour qu'il y ait intercession dans un acte de la femme, c'est que par cet acte elle oblige sa personne ou ses biens. La femme est donc capable de s'appauvrir en aliénant dans l'intérêt d'autrui, sans contrevenir aux dispositions du sénatusconsulte Velléien. Elle peut faire un payement ou une dation en payement pour un autre (L. 5, D. h. t.), peu importe qu'elle agisse ou non *animo donandi*, ou en qualité de *negotiorum gerens* ou en qualité de mandataire. (LL. 4, § 1, D. 1 et 4, C, h. t.)

46. Une femme peut encore, sans contrevenir au sénatusconsulte, déléguer son débiteur au créancier d'autrui, car cette délégation équivaut de sa part à un payement (LL. 5 et 8, § 5, D. h. t.) Mais il faut que

le délégué soit bien réellement débiteur de la femme, de telle sorte qu'il n'ait pas de recours à exercer contre elle à raison de la délégation ; autrement il y aurait là un moyen d'éluder la disposition du sénatusconsulte. (LL. 8, §§ 4 et 6, et 29, § 1, D. h., t.)

47. Il résulte de ce que je viens de dire, que la femme qui peut vendre sa chose et en donner le prix en payement peut aussi déléguer l'acheteur ; c'est ce qui résulte des termes formels de la loi 5, D. h. t., avec laquelle il est facile de concilier la loi 32, § 2, qui présente une solution opposée. C'est ce que, dans l'hypothèse prévue par cette dernière loi, la vente a été la conséquence d'une intercession préexistante. La femme n'a pas donné en payement la chose, ni payé avec le prix en provenant, ni délégué l'acheteur, mais elle a exécuté une intercession en contractant une obligation *venditi* avec un tiers.

48. La femme peut aussi faire une donation, *Senatus enim*, dit Ulpien, *obligatæ mulieri succurrere voluit, non donanti* (LL. 4, § 1, *in f.* et 21 § 1, D. h. T.)

49. Enfin, le sénatusconsulte ne s'oppose pas à ce qu'une femme renonce à une hypothèque ou consente la remise d'un gage, parce qu'en le faisant, elle ne contracte pas d'obligation (LL. 8, pr. D., et 21, C. h. t.), et par conséquent, elle n'intercède pas. D'après la loi 18, *quæ in fr. cred.* D. 42, 8, la renonciation ou la remise dont il s'agit ne constitue pas non plus une donation entre époux. La solution de la loi 8, pr., D., devrait être donnée, lors même que le débiteur serait

le mari, et que le mariage subsisterait encore. (L. 11, C. h. t.)

50. Il faut rapporter ici l'hypothèse prévue à la loi 17, § 1, D. h. t. Il s'agit d'un mari qui emprunte de l'argent et qui n'a pas d'immeuble à donner en gage à son créancier, comme celui-ci l'exigerait. Le créancier s'adresse alors à la femme divorcée d'avec son mari et qu'il sait détenir à titre de gage un immeuble de ce dernier. Cette femme lui déclare en effet qu'elle a reçu un fonds en gage de son mari pour lui garantir la restitution de sa dot, et le créancier, après lui avoir fait restituer ce qui lui est dû *dotis nomine*, reçoit à son tour l'immeuble en gage. Mais voici que la femme fait connaître ensuite qu'elle est encore créancière de son mari pour argent prêté, qu'à ce titre, elle a hypothèque sur le même fonds et elle intente contre le créancier l'action Servienne. Celui-ci lui oppose une exception tirée de ce qu'elle a consenti à ce que le fonds lui fût hypothéqué, et partant à ce que son hypothèque fût primée par celle qui lui était concédée. La femme voudrait invoquer une réplique tirée du sénatusconsulte Velléien ; mais Africain dit qu'elle ne sera pas fondée à s'en prévaloir, à moins que le créancier n'ait eu connaissance de ce prêt dont l'immeuble garantissait la restitution. Il y a donc eu ici intercession, et si la femme n'est pas recevable à opposer une réplique tirée du sénatusconsulte, c'est qu'elle a trompé le créancier.

Comment donc se fait-il qu'il y ait intercession dans

cette hypothèse, lorsque nous lisons à la loi 8 pr. : *redditionem pignoris... non esse intercessionem*. C'est qu'ici, la femme n'a pas simplement sacrifié son droit, ce qu'elle eût pu faire sans contrevenir au sénatusconsulte; elle a seulement consenti à ce que le créancier passât avant elle, elle s'est obligée à lui céder son rang, elle lui a, pour ainsi dire, hypothéqué son hypothèque, elle a fait avec lui le pacte qu'on appelait *pactum de postponendo*. Or, ce pacte constitue bien une intercession, puisqu'il est moins un abandon de son droit par la femme qu'une obligation de sa part de n'en pas user à l'encontre du créancier, obligation dont elle ne peut mesurer toute la portée, parce qu'il faudrait pour cela connaître au juste le degré d'insolvabilité du débiteur, et qu'elle n'eût peut-être pas contractée, si elle avait été certaine de l'inutilité du nouveau rang qu'elle consentait à prendre. Tel est le motif de cette distinction subtile, mais juste, indiquée avec sa concision habituelle par Africain dans le texte que je viens d'analyser[1]

51. Cela m'amène à dire quelques mots des motifs généraux pour lesquels il n'est défendu aux femmes qu'une seule chose, de s'obliger, tandis qu'elles peuvent, comme on l'a vu, payer, déléguer, donner, renoncer à un droit ou à un privilége. C'est que le législateur défend surtout ce qu'il craint davantage et protége particulièrement les femmes contre les dan-

[1] Conf. M. Pellat. Confér. sur les Pandectes. *Ann.* 1859-60.

gers auxquels il les croit le plus exposées : « Senatus enim, dit Ulpien, (L. 4, § 1, D.), obligatæ succurrere voluit non donanti... quia facilius se mulier obligat quam alicui donat. » Les jurisconsultes romains avaient pensé, et avec raison, que l'idée d'un sacrifice à faire immédiatement et sans compensation arrêterait suffisamment les femmes quand il s'agirait d'aliéner, tandis qu'au contraire elles pouvaient se bercer de mille illusions, se laisser séduire par mille promesses trompeuses quand il s'agirait de s'obliger. On rend volontiers service et on le fait d'autant plus facilement qu'on espère qu'il en coûtera moins ; or, rien ne coûte moins qu'une promesse quand l'exécution n'apparaît que dans un avenir lointain et surtout quand, pour s'en dispenser, on peut compter sur la bonne foi et la solvabilité de celui qu'on oblige. On a dit avec raison que cela s'applique aussi bien aux hommes qu'aux femmes ; mais le législateur a considéré sans doute que celles-ci sont moins prévoyantes et plus faciles à entraîner, bien qu'au fond aussi soucieuses de leurs intérêts et aussi peu disposées à les sacrifier. « Ut est sexus avarus quidem, disait Vinnius, sed incautus, non prospiciens damnum quod ante oculos positum non est[1]. » Ce motif que je viens d'exprimer relativement au sénatusconsulte Velléien se retrouve dans la loi Julia, qui permettait au mari d'aliéner le fonds dotal avec le consentement de sa femme mais non

[1] Vinnius, *Selectæ juris quæstionum*, liv. I, ch. XLVIII.

de l'hypothéquer, même avec ce consentement. (Inst. liv. II. t. VIII, pr.) Cujas partant sans doute de cette idée indiquée plus haut, à savoir que la loi interdit plus rigoureusement ce que leur intérêt ne suffit pas à défendre aux particuliers, rapproche encore du sénatusconsulte Velléien la loi Furia Caninia, la loi 5 *de prædiis decurion.* (C. 10, 33), et la disposition de l'Authentique *si qua mulier*, en vertu de laquelle la femme qui s'oblige pour son mari n'est pas tenue *ipso jure*, tandis qu'elle est tenue de cette manière si elle s'oblige pour un autre.

52. III. J'ai indiqué en troisième lieu comme condition de l'intercession que la femme garantisse ou prenne à sa charge l'obligation d'autrui. Tout acte de la femme qui n'a pas ce résultat, si avantageux d'ailleurs qu'il puisse être pour un tiers, ne constitue pas une intercession. Ainsi, l'on a vu déjà qu il y a *intercessio* dans l'hypothèse prévue par la loi 6, § 1, C. h. t., lorsque la mère garantit au tuteur l'efficacité de l'action *tutelæ contraria* qu'il aura à exercer contre son pupille, parce qu'ici elle prend à sa charge l'obligation d'autrui.

Au contraire, il n'y a pas *intercessio* dans le cas indiqué à la loi 8, § 1, D., h. t. Il s'agit d'un tuteur qui est sur le point de vendre les *prædia urbana* de son pupille, sans doute pour obéir à la règle qui, jusqu'à Constantin, lui imposa l'obligation de les aliéner pour en placer le prix. (L. 22, *de admin. tut.*, C., 5, 37.) La mère du pupille, désirant que ces biens soient conservés en nature, intervient auprès du tuteur et lui promet de l'indemniser si plus tard il est soumis à quelque recours de la part du pupille pour ne les avoir point vendus. La tutelle ayant pris fin, ce recours est exercé en effet, et le tuteur est condamné envers le pupille à raison de sa gestion. Il pourra alors agir en indemnité contre la mère sans que celle-ci puisse lui opposer le sénatusconsulte Velléien, parce qu'il n'y pas eu intercession. En effet, elle n'a pas pris à sa charge une obligation étrangère, mais elle a créé elle-même une obligation, « nullam enim obligationem recepisse neque veterem neque novam, sed ipsam fecisse hanc obligationem. (L. 8, § 1, D., — V., aussi *Pauli Sent.*, II, t. xi, § 2.)

53. Il n'y a pas non plus *intercessio* dans la loi 19, § 1, D., où l'on voit une femme donner mandat au tuteur de faire abstenir son pupille d'une hérédité. Le tuteur condamné envers le pupille à raison de cette abstention inopportune aura son recours contre la femme. — Il faut encore ranger dans la même catégorie l'hypothèse prévue par la loi 6 pr., C., dans laquelle la mère promet garantie au tuteur parce qu'elle veut administrer elle-même tout ou partie des biens du pupille son fils. Ici encore la femme est obligée de garantir le tuteur à la fin de la tutelle. Elle est tenue envers lui *ex stipulatione* et envers le pupille par l'action *negotiorum gestorum*.

54. L'espèce suivante ne tombe pas non plus sous l'application du sénatusconsulte : je suis votre débi-

teur et j'ai payé à une femme qui s'est dite votre mandataire et a promis votre ratification. Si elle ne la rapporte pas, je pourrai la poursuivre sans avoir à craindre l'exception du sénatusconsulte, parce qu'il n'y a pas eu intercession. En effet, la femme n'a pas pris à sa charge *alienam obligationem*, personne n'a été libéré par son fait; je poursuis la femme non pour la faire payer mais pour empêcher qu'elle ne s'enrichisse à mon détriment. (LL. 14, 15, et 66, *de condict. indeb.* D. 12, 6) Elle ne peut donc pas se prévaloir de l'exception du sénatusconsulte qui sert à rejeter la charge qu'on a prise de l'obligation d'un autre.

55. De la nécessité de cette condition que la femme, pour qu'elle intercède, prenne à sa charge une obligation étrangère, il résulte qu'elle peut parfaitement s'obliger et faire ensuite ce que bon lui semble de l'argent qu'elle touche en échange de son obligation. On en voit des exemples aux lois 4, § 1, D., et 15, C. h. t. Peu importe d'ailleurs que le créancier ait eu ou non connaissance de l'usage que la femme voulait faire de cet argent. Ce point n'est intéressant à constater que si la femme agit en fraude du sénatusconsulte, c'est-à-dire lorsque par son contrat un autre est dispensé de s'obliger comme on l'a vu au § 2, 2°, de ce chap. Les mots *mutui dationes pro aliis* du sénatusconsulte doivent s'entendre en ce sens que la femme a reçu un *mutuum* pour le remettre à un autre ou de quelqu'un qui devait le remettre à un autre ; il y a alors intercession. (L. 19, C. h. t.) La même distinction s'appli-

que lorsqu'on a fait avec la femme un contrat autre que le *mutuum*. (L. 10, C. h. t.)

56. Ce que je viens de dire se réfère au cas où la femme s'oblige seule quant à celui où elle s'oblige solidairement, *correaliter*, avec un autre débiteur, la question de savoir si elle n'intercède pour le tout ou pour partie seulement, si elle n'intercède pas, ne peut se résoudre que d'après la connaissance de l'intérêt qu'elle a dans l'affaire. Cette distinction viendra plus en son lieu dans le paragraphe suivant.

57. IV. J'ai dit en effet que la quatrième condition nécessaire pour qu'il y ait intercession de la part d'une femme, c'est qu'elle n'ait pas un intérêt personnel à s'obliger. Car, encore qu'on puisse dire, à un point de vue abstrait, qu'un acte par lequel la femme gère sa propre affaire constitue une intercession (V. les lois 3 et 13, pr., D. h. t. et la loi 30, § 1, *de Pactis* D. 2, 14.) Cela ne peut être vrai au point de vue qui nous occupe, celui de l'application du sénatusconsulte Velléien. Ainsi, toutes les fois que l'acte fait par la femme et qu'il s'agit d'apprécier lui procure un avantage, bien qu'en apparence il ait pour but de libérer un tiers, toutes les fois que par cet acte la femme gère sa propre affaire, il n'y a pas intercession, et le sénatusconsulte ne s'applique pas. Les textes ne manquent pas d'exemples sur ce point.

58. A. Ainsi, à la loi 1, § 4, *de Pignor, et Hypoth.*, D., 20, 1, Papinien suppose qu'une femme fait dona-

tion à son mari d'un fonds que celui-ci donne aussitôt en gage comme sien. Le divorce ayant lieu, la femme reprend son immeuble et le constitue elle-même en gage pour une dette de son ancien mari. Le gage n'est valable que jusqu'à concurrence de la somme que la femme doit à son mari pour améliorations faites au fonds, dans le cas où les dépenses effectuées par le mari auraient été supérieures à la valeur des fruits de l'immeuble. La femme a pu alors constituer un gage valable jusqu'à concurrence de cet excédant dont elle est débitrice envers son mari : « In ea quantitate proprium mulier negotium gessisse non alienum suscepisse videtur. » Pour le reste le gage n'est pas valable, parce qu'il y a intercession.

59. B. On trouve à la loi 17, § 2, une autre hypothèse dans laquelle la femme n'intercède pas, parce qu'en s'obligeant elle gère sa propre affaire. Voici comment ce texte est analysé par M. Demangeat[1]. « Une maison qui vaut 1000 appartient par indivis à Titius et à Sempronia ; les 100 qui ont été empruntés par eux ont servi à faire une réparation sans laquelle la maison entière eût péri. Évidemment, en cas pareil, la femme ne sera point considérée comme ayant intercédé pour Titius ; elle a bien véritablement fait sa propre affaire : car, l'esprit ne pouvant pas concevoir qu'on répare une maison pour une moitié indivise, si Sempronia, n'avait emprunté que 50, elle n'aurait pu avec cette somme empêcher la perte de sa chose. Donc,

[1] *Des obligations solidaires en Droit Romain*, pages 311 et suiv.

en définitive, elle s'est obligée à 100 lorsque 100 lui étaient nécessaires pour sauver une valeur de 500 : elle a pourvu à son propre intérêt. Il est bien entendu, d'ailleurs, que, si effectivement c'est elle qui rembourse les 100 au prêteur, elle pourra par l'action *communi dividendo* recourir pour moitié contre Titius. De même, si les 100 ont été empruntés, avec la clause de corréalité, pour acquitter une redevance à laquelle était soumis le fonds indivis entre Titius et Sempronia, et pour empêcher ainsi la confiscation totale du fonds. » Il en serait autrement si l'argent emprunté servait à payer le prix d'une chose que les coemprunteurs achètent en commun; il y aurait alors intercession de la part de la femme, parce qu'elle n'a pas un intérêt propre à ce que Titius soit mis à même de se libérer envers son vendeur.

60. C. La femme n'intercède pas quand elle s'oblige par expromission ou délégation pour son créancier envers le créancier de ce dernier, ainsi :

61. 1° La femme peut valablement être déléguée, pourvu qu'elle soit véritablement la débitrice du délégant envers qui elle se trouve libérée. (L. 24 pr., D., et l. 2, C. h. t.) Cette condition est indispensable pour qu'il n'y ait pas lieu à l'application du S. C. Si elle n'existait pas, il y aurait intercession et le S. C. s'appliquerait quand même le créancier aurait été de bonne foi, c'est-à-dire aurait cru la femme réellement débitrice du délégant. C'est ce qui ressort de la loi 17, pr. D., où l'on suppose qu'un mari vend à vil prix une

chose à sa femme dans l'intention de lui faire une donation, puis délègue sa femme à son créancier pour qu'elle lui promette le montant de ce prix. Le délégataire agissant contre la femme, celle-ci pourra se prévaloir du S. C. En effet il n'y a eu ni vente, ni donation valable (l. 38, *de contr. empt.* D., 18, 1); la femme n'était pas débitrice de son mari, elle a donc simplement intercédé pour lui, et le S. C. pourra être opposé au délégataire quand même il aurait cru la femme débitrice du mari. Et Africain prend soin de faire observer que cette décision n'est pas contraire à la règle d'après laquelle le créancier est protégé par sa bonne foi, si la femme a emprunté de l'argent comme devant s'en servir à son usage et l'a prêté ensuite à son mari ou à un tiers. (L. 4, 11 et 27 pr., D. h. t.) « *quoniam quidem*, dit le jurisconsulte, *plurimum intersit utrum cum muliere quis ab initio contrahat; an alienam obligationem in eam transferat : tunc enim diligentiorem esse debere.* »

62. Il faut encore rapprocher de la l. 17 pr., la loi 8, § 2, dans laquelle Marcellus repousse l'application du S. C., si la femme qui a promis au créancier d'un tiers a été par lui déléguée à un autre en qualité de débitrice. Mais cette décision ne peut s'appliquer qu'au cas où la femme sachant qu'elle n'est pas tenue, feint de l'être *ex alia causa* et où le créancier est de bonne foi, car si ce dernier a connaissance de la situation, ou si la femme l'ignore, le S. C. doit s'appliquer.

63. Ajoutons encore les lois 27, § 2 et 24, § 1, D.,

h. t., dans la seconde desquelles il y a une intercession qu'on ne trouve pas dans la première, parce que la femme *suum negotium gessit.*]

64. 2° Une esclave a promis à son maître une somme d'argent, prix de la liberté que de son côté il s'engage à lui donner, *ob pactionem libertatis.* Comme elle ne serait pas tenue après l'affranchissement de cette obligation contractée en servitude, elle a fourni à son maître un *expromissor.* (L., 104, *de verb. oblig.*, D. 45, 1.) Devenue libre, la femme qui ne serait tenue envers ce dernier que d'une action de dol (L., 7, § 8, *de dolo malo*, D. 4, 3), prend volontairement à sa charge l'obligation par lui contractée. Il n'y a pas là *intercessio*, parce que, comme dit Gaius : « Prima facie quidem alienam, re vera autem suam obligationem suscepit. (L., 13, D. h. t.)

65. 3° La femme peut promettre à la place de son mandataire ce à quoi celui-ci s'est obligé pour elle. C'est ce que montre la loi 18, D. h. t. que les compilateurs du Digeste ont rapprochée avec raison de la loi 17, § 2. « La même distinction, dit M. Demangeat, « faite par Africain dans cette dernière loi, doit s'ap- « pliquer à l'espèce prévue par la loi 18, où Titius et « une femme s'obligent *correaliter*, en qualité d'*expromissores.* » Si la dépense faite par le *procurator* était nécessaire pour sauver un fonds commun à Titius et à la femme, cette dernière poursuivie *in solidum* par le créancier ne pourra invoquer le sénatusconsulte[1].

[1] V. M. Demangeat, *des Obligations solidaires*, p. 317.

66. D. La femme gère sa propre affaire et par conséquent il n'y a pas intercession de sa part quand elle prend en justice la défense de son fidéjusseur (LL., 3 et 13 pr. D.), ou de celui qui lui a vendu une hérédité. (L., 5, D.) Ceux-ci, en effet, s'ils étaient condamnés, auraient un recours contre elle par l'action *mandati*, ou en vertu des stipulations *emptæ et venditæ hereditatis*. La femme, en se constituant *defensor* pour eux, agit donc dans son propre intérêt.

67. E. Enfin la femme n'intercède pas encore si elle touche le prix de l'obligation qu'elle contracte pour un autre, soit immédiatement, c'est-à-dire avant ou en même temps qu'elle s'oblige (L. 22, D.), soit plus tard, mais antérieurement aux poursuites du créancier. (LL., 16 pr., et 21 pr., D. h. t.) Elle est alors censée avoir accepté un mandat salarié qu'elle doit remplir et le sénatusconsulte ne peut lui servir à agir *de lucro* contre le mandant. (L., 15, D. h. t.)

68. Les dispositions des lois 16 et 22 que je viens de citer sont confirmées par une constitution de Justinien, la loi 23, C. h. t., dans laquelle le souverain compilateur, fidèle à son habitude de tout corriger et à sa vaniteuse prétention de mieux faire que ses prédécesseurs, se flatte d'avoir résolu les difficultés les plus inextricables et tranché les questions les plus délicates. Il me faut bien avouer que je ne vois pas de quelles questions il s'agit ici, sinon peut-être de celle de savoir comment on prouvera que la femme a reçu effectivement quelque chose pour prix de son inter-

cession. Justinien décide que, si l'acte public rédigé dans les formes qu'il détermine pour constater l'intercession, porte que la femme en a reçu le prix, cet acte fera pleine foi de ce qu'il contient, *omnimodo esse credendum*. C'est là un moyen tellement simple de trancher une question délicate en effet, qu'on serait tenté de croire que Justinien n'en a pas compris toute l'importance. Il eût été sage, selon moi, de ne se point vanter de la solution.

J'en dirai autant d'une autre difficulté qui semble aussi tranchée irrévocablement par un mot de la constitution qui nous occupe. On avait pu en effet se demander combien il faudrait que la femme ait reçu pour qu'elle fût censée avoir touché le prix de son intercession. Justinien répond : *aliquid*, c'est-à-dire si peu que ce soit. Texte clair et positif, il est vrai, mais pensée peu profonde et manière toujours aussi expéditive de supprimer toute espèce de distinctions, *supervacuas distinctiones exulere*. Avec des décisions de ce genre, rien n'est plus simple que d'éluder, sans qu'il y paraisse, le sénatusconsulte Velléien.

69. V. Une cinquième et dernière condition de l'intercession, c'est que la femme ne s'oblige pas *animo donandi*, de manière à libérer celui pour qui elle intercède. Si donc la femme s'oblige de cette manière, il n'y a pas lieu à l'application du S. C. Velléien. C'est ce qu'indiquent les lois 8, § 5, et 21, § 1, D., qui permettent à la femme non-seulement de déléguer son débiteur ou de faire une donation, mais encore de

s'engager formellement à payer ou à donner, de faire, pour ainsi dire, une libéralité à terme. « *Si quid liberaliter fecerit..... non erit tuta senatusconsulto.* »

Quoi de plus général que ces expressions de la loi 21, § 1? Cela est d'ailleurs conforme à l'esprit du S. C. qui est non pas d'interdire à la femme de s'appauvrir, si bon lui semble, pourvu qu'elle le fasse en connaissance de cause, mais de la protéger contre les illusions trompeuses et les engagements inconsidérés.

70. Je ne puis admettre la distinction que font ici certains auteurs entre l'intercession privative et l'intercession cumulative principale ou accessoire. Le S. C Velléien ne s'applique pas plus à celle-ci qu'à la première, lorsqu'il y a chez la femme *animus donandi*. En effet l'obligation de la femme et l'intention qu'elle a eue en la contractant sont les mêmes de part et d'autre; il n'y a de différence que dans l'étendue et dans l'efficacité qu'elle a voulu donner à sa libéralité.

CHAPITRE V

DES EXCEPTIONS AU SÉNATUSCONSULTE VELLÉIEN.

71. J'ai déterminé les divers caractères de l'intercession, énuméré les cas principaux dans lesquels elle a lieu, et étudié certaines hypothèses qui ne contiennent pas d'intercession faute par elles de présenter tous les caractères qui la constituent. Je dois maintenant parcourir les divers cas d'exception au S. C. c'est-

à-dire les cas où il n'y a pas lieu de l'appliquer, bien que l'acte fait par la femme constitue une intercession. Ces exceptions sont fondées sur trois motifs principaux d'après lesquels je les classerai pour plus de méthode. Les glossateurs, fidèles à leurs habitudes mnémotechniques, les avaient réunies au nombre de de six dans ces vers d'une poésie et d'un latin également douteux :

Casibus in senis mulier spondendo tenetur :
Pro libertate, pro dote, renuntiat, et si
Decipiat, pretium capiat, caveatque secundo.

J'éliminerai une de ces six exceptions, et j'en ajouterai plusieurs autres.

§ Ier. — Exceptions au sénatusconsulte fondées sur la cause de l'intercession.

72. La femme ne peut pas invoquer le S. C. Velléien :

1° Lorsqu'elle a intercédé *pro dote*, c'est-à-dire lorsqu'elle s'est obligée ou qu'elle a emprunté pour fournir une dot soit à sa fille (L. 12, C. h. t., l. 32, § 2, *de condict. indeb.*, D., XII, 6), soit à toute autre. (L. 25, C.) Dans le premier cas, on considéra de bonne heure que si la mère, en dotant sa fille, n'avait réellement pas fait sa propre affaire, elle avait au moins accompli une obligation naturelle, et c'est pourquoi, *pietatis causa*, on lui défendit d'invoquer le S. C. Velléien. Ce fut seulement Justinien qui généralisa cette exception, par faveur pour le mariage et par horreur d'un divorce, auquel aurait pu porter l'application du S. C.

73. 2° Lorsqu'elle s'est obligée envers un maître pour qu'il conférât la liberté à un esclave. Cette disposition émane encore de Justinien qui commande au S. C. Velléien, comme à bien d'autres principes rigoureux du droit, de se taire (*tacere*) en présence de la faveur singulière dont les affranchissements sont entourés.

74. 3° Lorsqu'elle intercède en général pour une cause pieuse, par exemple, lorsqu'avec l'autorisation du préteur et à défaut d'autres personnes, elle se présente pour revendiquer la liberté (*litigare de libertate*), en faveur de son mari ou d'un de ses cognats (L. 3, §§ 2 et 3, *de liberali causa*, D., 40, 12), ou pour défendre en justice des parents que l'âge ou la maladie empêche d'agir eux-mêmes (L. 41, *de procurat.*, D., 3, 3), ou encore lorsqu'elle s'oblige pour donner la sépulture à un mort. (L. 14, § 7, *de relig.*, D., 11, 7).

75. 4° Lorsqu'elle se porte garant du tuteur qu'elle a demandé pour ses enfants et que le décret du magistrat portant nomination de ce tuteur indique expressément qu'il est donné aux risques et périls de la mère. (L. 3, *Si mater indemnit.*, C. 5, 46.) J'ai déjà eu occasion d'indiquer cette exception et la précédente. (V ch. IV, § 3, *in f.*)

§ II. — Exceptions au sénatusconsulte fondées sur la position du créancier.

76. L'exception tirée du S. C. cesse de pouvoir être invoquée par la femme.

1° Lorsqu'elle s'est obligée envers un mineur de vingt-cinq ans à qui son action ne peut plus être efficacement restituée parce que le débiteur primitif est insolvable. L'intérêt du mineur passe alors avant celui de la femme. (L. 12, *de minor.*, D., 4, 4.)

77. 2° Lorsque le créancier est de bonne foi. La bonne foi n'est que le résultat d'une erreur de fait ; elle suppose donc cette erreur chez le créancier, et de la part de la femme qui le trompe une tentative de fraude au S. C. Cette tentative de fraude a lieu au moyen d'une interposition de personnes, soit que la femme agisse comme personne interposée quand elle paraît contracter pour elle-même, soit qu'un autre s'interpose pour elle et intercède à sa place sur son mandat.

78. Ces deux hypothèses sont séparément prévues par les textes, la première par les lois 4 pr. 11, 27 pr. et 28, § 1, D. ; la seconde, aux lois 6 et 32, § 3, D. Dans l'un comme dans l'autre cas, le S. C. Velléien ne peut être opposé au créancier que s'il connaît l'intercession ou si son erreur à cet égard est inexcusable. Il faut remarquer ici que l'erreur du créancier n'est pas excusable lorsqu'il accepte pour débitrice une

femme qu'on lui délègue ; il doit alors s'enquérir avec soin de la question de savoir si la femme est bien réellement débitrice de son débiteur. (Comme dans les espèces des lois 3, § 9, *de in rem verso*, D. 15, 3 et 7 pr., *de exercit. act.*, D. 14, 1.) Au contraire, celui qui contracte avec une femme *ab initio*, peut n'être pas trop exigeant, *curiosior*, comme dit Cujas, et il lui est permis d'ignorer l'emploi que la femme fera des deniers qu'il lui remet. Autrement, personne ne voudrait plus contracter avec les femmes. (L. 11 et 17 pr. D. h. t.)

Pothier fait remarquer avec raison que s'il n'y a pas lieu au S.-C. à l'égard d'un créancier de bonne foi, lorsque la femme contracte comme personne interposée, à plus forte raison doit-il être écarté lorsque l'interposition n'est prouvée que par celui qui dit en avoir profité. (L. 28 pr., D.) Il ajoute que le S. C. cesse encore de s'appliquer si la femme n'a pas contracté, mais s'il a faussement été porté dans l'acte que l'argent lui avait été remis. (L. 17, C. h. t.)

79. J'ai dit que l'exception du S. C. peut être opposée à un créancier qui a contracté *ab initio* avec la femme, s'il connait le fond de l'affaire : cela ne s'applique pas au cas où une femme est interposée par son mari *quærendæ pecuniæ causa* (L. 15, C. h. t.); mais à celui-là seulement où de son propre mouvement elle emprunte de l'argent pour l'usage de son mari. C'est alors qu'on peut dire avec Paul : « Ea « quæ in fraudem S. C ... excogitata probari pos-

4

« sunt rata haberi non oportere. » (L. 29, § 1, D.)

80. A l'inverse, je dois signaler une exception au principe que le S. C. Velléien ne peut être opposé au créancier qui a contracté avec la femme, lorsqu'il a ignoré l'intercession. Cette exception est contenue dans la loi 10, § 5, dont voici l'espèce : — Vous avez pour débiteur Titius; une femme désire intercéder pour lui auprès de vous; mais vous ne voulez pas, à cause du S. C. Velléien, la prendre pour débitrice. Cette femme vient alors m'emprunter de l'argent pour vous payer; sur ma stipulation, elle promet de me rembourser cet argent, sans que je sache l'usage qu'elle en veut faire, et elle me donne mandat de vous compter la somme. Puis, n'ayant pas moi-même les espèces à ma disposition, je m'engage par stipulation à vous les payer. — Il y a ici deux promesses, l'une de la femme envers moi, l'autre de moi-même envers vous. On recherche d'abord si, quand je demanderai à la femme l'exécution de sa promesse, elle pourra m'opposer le S. C., c'est-à-dire prétendre, malgré ma bonne foi, qu'elle n'a pas emprunté pour elle, mais intercédé pour Titius. Julien avait hésité sur ce point, mais il finit par conclure à l'affirmative, et sa décision est approuvée par Africain. C'est que, en effet, je puis être assimilé à celui qui s'est porté fidéjusseur de la femme et, comme lui, bien que j'aie ignoré l'intercession de la femme, n'avoir contre elle aucune action. Par la même raison, si j'ai su, avant de payer, que la femme intervenait pour Titius, je puis repous-

ser votre action *ex stipulatu*, par une exception utile tirée du S. C.

Mais que va-t-il arriver si, de bonne foi, *ignorans*, j'ai payé le créancier de Titius? C'est une seconde question à laquelle donne lieu l'hypothèse qui nous occupe. D'une part, la femme pourra-t-elle invoquer le S. C. pour repousser mon action? Aurai-je, d'autre part, la *condictio indebiti* contre le créancier? Julien hésite encore; il me compare d'abord à un débiteur délégué par la femme, bien que je ne le sois pas en réalité; car le mandat que m'a donné la femme ne saurait être une délégation. Mais, après réflexion, il reconnait le défaut de son raisonnement et change d'avis, *quæ postea non recte comparari ait.* La femme, dans l'espèce, met réellement à sa charge l'obligation d'un autre en s'obligeant envers moi, qui m'oblige envers le créancier d'un tiers. Aussi le jurisconsulte lui permet, en dépit de ma bonne foi, d'opposer l'exception du S. C. Velléien à mon action, et il m'accorde en revanche la *condictio indebiti* contre le créancier. Telles sont les diverses décisions auxquelles s'arrête, en définitive, Julien, et, après lui, son disciple Africain, décisions dans lesquelles nous trouvons, comme je l'avais annoncé, une exception formelle à cette règle que le S. C. ne peut être opposé à celui qui a contracté avec la femme lorsqu'il a ignoré l'intercession. (Pothier, par une étrange confusion, donne comme décision définitive la première opinion de Julien citée à la L. 19 par Africain.)

§ III — Exceptions au sénatusconsulte fondées sur un fait de la femme

81. 1° La femme qui a trompé le créancier en lui faisant croire qu'elle s'obligeait dans son propre intérêt, ne peut plus invoquer le S. C. « Decipientibus mulieribus senatusconsultum auxilio non est, » dit Ulpien à la loi 2, § 3, D. (Adde : L. 23 et 30, D.: 5 et 18, C. h. t.) La question de savoir s'il y a dol de la part de la femme peut être quelquefois douteuse, par exemple lorsqu'un mari donne en gage ou hypothèque une chose de sa femme, qu'il présente au créancier comme sienne, et que la femme n'avertit pas le créancier, ou lorsqu'on peut reprocher à la femme ce seul fait, d'avoir eu connaissance du bénéfice que le S. C. Velléien lui accorde. Je crois que, dans l'un comme dans l'autre cas, il faut admettre qu'il y a dol et refuser à la femme le secours du S. C. La loi 30 pr. D. l'indique formellement pour le dernier cas et l'opinion contraire de Doneau (sur la L. 5 C., t. VIII, p. 177) me paraît par trop favorable à la femme qui n'en est certes pas bien digne.

82. 2° Il en est de même lorsque la femme fait adition de l'hérédité du débiteur pour qui elle a intercédé. Elle peut alors être poursuivie par une action restitutoire et aussi par une action directe, *nihil enim ejus interest qua actione conveniatur*. (L. 8, § 13, D.)

83. 3° Si la femme qui a intercédé est prête à défendre au procès pour détourner l'action qui menace le débiteur, elle peut se priver volontairement de

l'exception du S. C. Velléien, en donnant caution qu'elle n'y aura pas recours. C'est ce que décide la loi 32, § 4, D.

84. 4° A partir de l'empereur Justinien, les femmes qui veulent obtenir la tutelle de leurs descendants légitimes ou naturels doivent prendre, outre l'engagement de ne pas se remarier, celui de renoncer au bénéfice du S. C. Velléien. (Auth. *matri et aviæ*, et L. 3, *quando. mul. tut. off.*, C. 5, 35.)

85. 5° Enfin, si on continue à se placer après Justinien, on trouve à la loi 22, au Code, que si la femme au bout de deux ans renouvelle son intercession, elle ne peut plus opposer le S. C. La volonté de la femme prend alors une nouvelle force et Justinien l'explique en disant qu'on doit présumer de sa part un intérêt personnel à intercéder, *videtur pro sua causa aliquid agere*. Il faut, pour que la confirmation dont il s'agit soit valable que la femme ait été majeure, *perfectæ ætatis*, lors de la seconde intercession, peu importe qu'elle le fût ou non lors de la première; car c'est la seconde intercession seulement qui oblige la femme sans effet rétroactif. « Ex secunda cautione sese obnoxiam facere. »

Nous trouvons à la Novelle 61, ch. 1, § 1, *in f.*, reproduite au Code dans l'authentique *sive a me*, une disposition analogue. La confirmation par la femme *post biennium* du consentement qu'elle a donné à l'hypothèque ou à l'aliénation d'immeubles, faisant partie d'une donation *propter nuptias*, rend ces actes valables, bien que la femme soit en principe inhabile à les consentir.

86. En dehors des trois circonstances que je viens d'indiquer, la femme peut-elle valablement renoncer au S. C. Velléien? Telle est la question que se posent ici tous les commentateurs qui ont écrit sur la matière, sans avoir pu encore s'accorder sur la solution qu'elle doit recevoir. A leur tête on peut citer des noms illustres dans les deux camps : pour l'affirmative, plusieurs jurisconsultes du Bas-Empire, tels que Michel Attalens et Harménopule, Voët, Perezius et bon nombre de savants allemands; pour la négative, un nombre plus grand encore de jurisconsultes allemands, et parmi les anciens, Gérard Noodt, Doneau (t. III, p. 770-774). Antoine Favre (ad L. 8, § 1, *qui satis. cog.*, D. II, 8); Vinnius (*Select. juris quæst.*, *pars* I, *cap.* XLVIII). C'est à l'avis de ces derniers que je me range sans hésiter, convaincu qu'il est impossible de tirer des textes aucun argument sérieux en faveur du système contraire, et qu'il serait absurde de permettre à la femme de renoncer au S. C. Velléien.

87. A l'exemple de Vinnius, dont la discussion claire et élégante semblerait ne devoir pas laisser plus de doute sur la question qui nous occupe que sur l'esprit limpide et sur le jugement si droit de ce commentateur du droit romain, je confesserai tout d'abord qu'il a existé contre moi une pratique constante et presque unanime, et je me féliciterai avec lui

d'avoir à discuter *Non quidem in foro ubi sententiæ numerari solent, sed in academiis ubi veritas exquiritur.*

Les textes sur lesquels on prétend fonder la validité de la renonciation faite par la femme sont la loi 32, § 4, D., h. t.; la loi 3, *quando mul. tut. off.* C. 5, 35; et la loi 23 pr. C. h. t. Il me sera facile de démontrer que ces textes ne sont guère probants. J'emprunte à Vinnius la réfutation du premier. La femme d'après ce texte renonce valablement au S. C. Velléien, lorsqu'elle prend en justice la défense de celui pour qui elle a intercédé et s'expose ainsi à être condamnée à sa place. Cette exception se comprend sans peine. En effet, étant admis que la femme peut payer (L. 4, *in f.* C.), il faut comme conséquence lui permettre d'intervenir en justice pour le débiteur, puisque cette intervention est considérée comme un payement que tout le monde peut faire même malgré le débiteur. (L. 23, *de solut.* D., 46, 3.) La femme désire payer, mais elle veut le faire ouvertement et en vertu d'une sentence; quoi de plus naturel et de plus juste? Seulement il faut que le demandeur soit sûr du payement et c'est pour cela que la femme ne peut défendre en justice qu'après avoir renoncé à opposer le S. C. au cas où elle serait condamnée. On se récrie contre cette assimilation du payement à la *defensio pro alio* en matière d'intercession et on objecte la loi 2, § 5, D. Mais l'objection est plus spécieuse que solide, car si l'on peut voir dans la *defensio pro alio*, telle qu'on la suppose à la loi 2, § 5, c'est-à-dire intervenant *a priori*, une intercession, il est difficile d'y voir autre chose qu'un payement dans le cas de la loi 32, § 4, c'est-à-dire lorsqu'elle a lieu à la suite d'une intercession préexistante. En vain l'on répond qu'il n'y a dans la défense en justice de celui pour qui on a intercédé qu'une intercession continuée et par conséquent toujours et seulement une intercession[1]. Cette assimilation, fût-elle exacte, ce qui me paraît contestable, il n'en résulterait pas encore que la renonciation faite *ab initio* dût avoir le même effet que la renonciation faite lors d'une intercession continuée. Admettre la première, c'est placer à côté du Velléien le moyen du monde le plus simple de l'éluder. Au contraire, on peut sans contradiction admettre la seconde, parce que la manifestation de volonté qui la constitue, qu'elle se produise à nouveau ou qu'elle soit seulement continuée, indique un dessein mieux arrêté, plus réfléchi chez la femme et peut faire présumer de sa part un intérêt quelconque à intercéder. N'avons-nous pas vu que cette seule considération fait admettre par Justinien la validité de l'intercession renouvelée après deux ans? (Ch. V, § 3, 5°.)

Quant à la loi 3, *quando mul. tut. off.* C. 5, 35, on n'en peut tirer contre moi qu'un argument bien faible et bien facile à réfuter. De ce que Justinien établit pour la femme qui veut obtenir la tutelle de ses en-

[1] M. Dubois, *Th. pour le doctorat*, p. 81, in-f.

fants, la nécessité de renoncer au S. C. Velléien sans indiquer qu'il y ait dans cette renonciation quelque chose d'exceptionnel, on ne saurait logiquement conclure qu'une telle renonciation soit toujours permise. Tout ce qu'on peut affirmer, c'est qu'elle est autorisée dans ce cas particulier, sauf à chercher ailleurs la solution de la question qui nous occupe. Sans doute, le silence de Justinien peut paraître étonnant, mais il n'y a pas de règle sans exception : Justinien prolixe d'ordinaire, peut être bref par hasard ; Homère sommeillait bien quelquefois.

Reste la loi 23 pr. C. h. t., qui ne m'arrêtera pas plus longtemps. Il est bien vrai que la femme peut déclarer faussement qu'elle a reçu le prix de son intercession et se soustraire ainsi à l'application du S. C. J'ai dit à ce propos (ch. IV, § 5, n° IV, E.), ma façon de penser sur la manière dont Justinien tranche des difficultés qu'il commence par appeler inextricables. Mais il n'en est pas moins vrai que, si la femme avait pu à son gré renoncer au Velléien, il n'eût pas été nécessaire de se demander combien il faudrait qu'elle reçût pour prix de son intercession et comment on constaterait qu'elle avait reçu quelque chose. Je vois plutôt dans ces précautions et dans ces recherches un argument en faveur de mon système.

Ces textes une fois écartés, l'opinion de mes adversaires tombe d'elle-même en présence de la prohibition formelle du S. C. Velléien et du silence absolu des jurisconsultes sur la possibilité d'une renonciation efficace de la part de la femme. D'ailleurs, s'il en était besoin, le bon sens combattrait encore pour moi, et, certes, il suffirait seul à assurer le triomphe de ma cause. Qui ne voit en effet qu'intercéder et renoncer au bénéfice du S. C., c'est faire un seul et même acte, s'obliger valablement pour autrui ? Ce ne sont pas mes adversaires qui le nieront, eux qui ne veulent voir qu'une intercession continuée même dans la renonciation postérieure résultant d'une intervention en justice. Or, la femme qui intercède consentira toujours sans peine, et souvent sans connaissance de cause à la renonciation dont il s'agit. Qui ne reconnaît dès lors l'absurdité du système qui admet cette renonciation ? Qui ne comprend que le partager, c'est renverser d'un seul coup l'échafaudage si péniblement et si judicieusement élevé du S. C. Velléien ? Et qui oserait faire aux jurisconsultes romains, si logiques d'ordinaire, et si fortement attachés à leurs théories, l'injure de croire qu'ils aient rendu commode à ce point et d'une facilité presque attrayante le mépris d'une prohibition sévèrement établie par eux ? Sans doute, à une certaine époque, le progrès des mœurs prit un essor nouveau, grâce surtout à la saine et féconde influence du christianisme, et dut entraîner après lui la jurisprudence. L'inégalité s'effaça peu à peu entre les sexes, et la capacité juridique de la femme dut s'en ressentir. Nous avons vu en effet qu'il lui fut possible de confirmer son intercession après deux ans, quelquefois même de renoncer *a priori* au bénéfice du S. C. Mais le principe subsista néanmoins et le jour où la pratique y fit brèche, en admettant dans tous les cas la renonciation, elle dépassa son droit d'un grand pas, car elle combattit en face la vérité théorique. Ce sont là de ces excès de pouvoir contre lesquels la doctrine a eu de tous temps l'occasion de protester hautement.

La valeur de ces considérations augmente encore si l'on réfléchit que la prohibition du S. C. Velléien repose avant tout, comme je l'ai dit, sur un motif d'ordre public. La protection due à la faiblesse de la femme n'était, dans l'économie de ce S. C., qu'une considération de second ordre et à ce point de vue encore on ne comprend pas que la femme ait pu à son gré se soustraire à une incapacité dont elle était frappée pour un motif d'ordre politique : « Publicæ honestatis causa, dit Vinnius, quod intercedere civile et virile officium videatur. » Et remarquons que cette pensée politique qui avait présidé à la rédaction du Velléien subsista toujours, sinon avec sa force primitive, du moins avec une consistance suffisante pour que la femme ne pût jamais avoir le droit de se soustraire à ses conséquences.

Si donc il est vrai de dire comme la loi 29 *de pactis*, C. 2, 3, *Omnes licentiam hebere his quæ pro se introducta sunt renuntiare*, il est logique aussi d'appliquer ici cette autre règle : *Pacta quæ contra leges constitutionesque vel contra bonos mores fiunt nullam vim habere indubitati juris est*. (L. 6, dit. tit. C.)

CHAPITRE VI

DES EFFETS DU SÉNATUSCONSULTE VELLÉIEN.

88. Les effets que produit le S. C. Velléien sont de deux sortes : les uns concernent la femme, ils ont pour but de la soustraire à l'obligation qu'elle avait contractée; les autres concernent le créancier, ils le mettent à l'abri du préjudice que pourrait lui causer l'annulation de cette obligation. Ces deux sortes d'effets dont je vais m'occuper successivement sont indiqués dans un rescrit de Dioclétien et Maximien qui forme la loi 16, C. h. t. « Si mulier alienam suscepit obligationem : cum ei per exceptionem Velleiani senatusconsulti succurratur, creditori contra priores debitores rescissoria actio datur. » Remarquons toutefois, avant de les examiner en détail, que les premiers seuls découlent des termes même du S. C. Les lois romaines étaient non-seulement peu nombreuses, mais encore très-sobres de détails. Elles laissaient aux magistrats et aux jurisconsultes une tâche importante et difficile, mais à laquelle ne firent jamais défaut ni le sens droit et éclairé des uns, ni l'ingénieuse sagacité des autres. Nous en trouverons une preuve dans les dispositions par lequelles le préteur avait, selon sa coutume, suppléé équitablement aux lacunes du S. C.

SECTION Ire. — Effets du sénatusconsulte Velléien par rapport a la femme et a ses ayants-cause.

89. Ils consistent soit dans un refus d'action, soit dans une exception, réplique, ou duplique, soit dans une *condictio indebiti* ou une revendication. Remarquons une fois pour toutes que la femme peut à son gré invoquer en sa faveur les effets que je viens d'énumérer ou au contraire en négliger le bénéfice, payer et recourir tout simplement par l'action *mandati* contre le débiteur qu'elle a libéré, pourvu qu'elle lui donne caution pour le cas où le créancier se ferait restituer son action, *dum caveat de indemnitate reo*. C'est ce qu'on peut voir à la loi 31 D. h. t.

§ Ier. — Du refus d'action.

90. Rien de plus simple et de plus naturel que cet effet du S. C. Velléien indiqué d'ailleurs expressément par ces mots ; « Ne eo nomine ab his petitio, neve in eas actio detur. » Qu'il ne soit donné contre les femmes, à raison de leur intercession, ni action réelle (*petitio*), ni action personnelle (*actio*). (V. L. 28 *de oblig. et act.*, D. 44, 7, et L. 178, § 2, *de verb. sign.*, D. 50. 16.) Voilà ce que dit le Sénat lui-même.

91. Pour qu'il y ait lieu à ce refus d'action, il faut supposer prouvé devant le préteur, *in jure*, que l'obligation contractée par la femme constitue une intercession. Jusqu'à ce que cette preuve ait été fournie, la femme

reste tenue en fait, et si le préteur n'a pas les renseignements nécessaires pour constater immédiatement la nature de l'obligation contractée par la femme, il donne contre elle l'action. Mais alors il renvoie devant le juge la question qu'il n'a pas pris le temps d'examiner lui-même et il insère dans la formule délivrée au créancier l'exception du S. C. Velléien dont je vais parler.

§ II. — De l'exception du sénatusconsulte Velléien.

92. I. *Dans quels cas elle est employée.* — On vient de voir qu'elle se donne lorsqu'il y a doute sur la question de savoir si la femme a intercédé, ou bien, cette question étant résolue affirmativement, lorsque le créancier prétend que, par exception, la femme se trouvait dans un des cas que j'ai signalés et où elle est obligée par son intercession.

93. On ne trouve pas dans les textes la formule de cette exception, mais on connaît assez les termes simples d'un grand nombre d'autres pour se permettre de construire celle-ci de la manière suivante : « Si nihil in ea re contra S. C. Velleianum factum sit. »

94. II. *Caractères de cette exception.* — L'exception du S. C. Velléien est perpétuelle et péremptoire. (L. 3, *de excep.*, D. 44, 1.) Elle est attachée à la chose, *rei cohærens*, et non pas à la personne (L., 7, § 1, eod. tit., D.), c'est-à-dire que la *causa dandi exceptionis*, comme dit Doneau, est le fait de l'intercession. *Non*

datur exceptio mulieribus quia mulieres sunt, sed ob hanc rem quia intercesserunt. (Doneau, l. XII, ch. xxx, § 3.)

95. III. *A qui est donnée l'exception du S. C. Velléien ?* — C'est ici que nous trouvons des conséquences importantes de ce principe que l'exception du S. C. est *rei cohærens.* En effet, c'est comme telle que cette exception est donnée non-seulement à la femme elle-même, mais encore :

1° A ses héritiers (L. 20, C. h. t.).

2° A ses mandataires (L. 30, § 1, D. h. t.).

3° A ses fidéjusseurs, sans distinguer si leur fidéjussion a eu lieu ou non sur le mandat de la femme et par conséquent s'ils ont un recours contre elle ou s'ils n'en ont pas (L. 16, § 1, D. h. t.; L. 7, § 1, *de except*; LL. 14 et 15, C. h. t.) Gaius Cassius avait néanmoins voulu poser cette distinction en faveur de laquelle on peut invoquer l'exemple de ce qui a lieu dans l'application du S. C. Macédonien. Le fidéjusseur ne peut opposer l'exception de ce S. C., que s'il a un recours contre le fils de famille et non s'il s'est obligé *animo donandi.* (L. 9, § 3, *de S. C. Maced.*, D. 14, 7.) Mais Julien repousse cette manière de voir et nous dit que l'exception doit être donnée dans tous les cas au fidéjusseur de la femme. (L. 16, § 1.) Et la raison, ajoute-t-il, c'est que le sénat par sa décision *totam obligationem improbat*, ce que Doneau paraphrase ainsi : « Genus ipsum obligationis improbat ut continens virile et civile officium. » (Doneau, l. XII, ch. xxx, § 4.) En effet, le S. C. Velléien ne laisse pas même subsister l'obligation naturelle, il réduit à néant l'engagement pris par la femme. Aussi le fidéjusseur est toujours dans la même position, qu'il se soit obligé comme mandataire ou *animo donandi*, car la femme peut le repousser par l'exception du S. C., lorsqu'il voudra recourir contre elle en vertu du mandat qu'elle lui a donné. En définitive, son obligation resterait à sa charge, dans tous les cas, si l'exception du S. C. Velléien ne lui avait été accordée. Et Julien a eu grandement raison de ne pas se laisser surprendre par l'apparence d'analogie qu'on pouvait trouver entre cette situation et celle qui résulte du S. C. Macédonien.

4° Au tiers qui a hypothéqué sa chose pour garantir l'intercession de la femme, qu'il soit ou non le mandataire de celle-ci. C'est une caution réelle, un véritable fidéjusseur. (L. 2, *Quæ res pign.*, D. 20, 3.)

5° Au délégué de la femme qui n'était pas réellement son débiteur. (L. 8, §§ 4 et 6, D. h. t.)

6° Au fidéjusseur du débiteur principal, lorsque de bonne foi et au su du créancier, il s'est obligé sur le mandat de la femme. (LL. 6, 30, § 1 et 32, § 2, D. h. t.) Si le créancier avait été de bonne foi, son action ne pourrait être repoussée par le fidéjusseur, lequel, d'autre part, n'aurait aucun recours contre la femme et serait victime de son imprudence qui profiterait au débiteur. Mais ce serait là un résultat rigoureux. Aussi Papinien indique, à la loi 7, un moyen équitable de s'y soustraire. Ce moyen c'est de donner au fidéjusseur une action *negotiorum gestorum* contre le débiteur.

96. IV. *A qui peut être opposée l'exception du S. C. Velléien.* — Cette exception est donnée contre toute personne qui agit en vertu de l'intercession de la femme, contre le créancier, contre le fidéjusseur ou le mandataire de la femme exerçant une action *mandati* ou *negotiorum gestorum* (LL. 7 et 32, § 3, D. h. t.); contre celui qui la poursuit par l'action *ex stipulatu*, dans les circonstances indiquées à la loi 19, § 5, et qu'Africain assimile au fidéjusseur de la femme.

97. V. *Durée de l'exception du S. C. Velléien.* — Les exceptions, celles-là mêmes qu'on nomme perpétuelles, ne peuvent, en général, être opposées après que la sentence a été rendue. (L. 2, *sent. resc. non posse*, C. 7, 50, l. 4 et 8, *de except.*, C. 8, 36.) Il en est autrement de l'exception du S. C. Velléien. Le défendeur a encore le droit de s'en prévaloir, après que la sentence a été prononcée. C'est ce qu'indique évidemment la loi 11 du *S. C. Maced.*, D. 14, 6, qui pose la même règle pour l'exception du S. C. Macédonien.

98. VI. *Forme de l'exception du S. C. Velléien.*— Elle peut se présenter tantôt sous forme d'exception à l'action, c'est ce qui arrive le plus ordinairement, tantôt sous forme d'exception à une autre exception. Elle prend alors le nom de réplique. (L. 2, § 1, *de except.*, D. 44, 1.) Mais c'est toujours la même exception, soumise aux mêmes règles et réunissant les mêmes ca-

ractères. Nous avons rencontré déjà cette réplique dans les lois 17, § 1, et 32, § 2, D. h. t.

§ III. — De la *condictio indebiti* et de la revendication.

99. I. *De la condictio indebiti.* — Le refus d'action contre la femme ou l'exception qui lui est offerte ne peuvent lui servir qu'autant qu'elle n'a pas payé et qu'elle est poursuivie par le créancier.

Lorsque la femme a payé déjà ce à quoi l'obligeait son intercession, ces moyens ne lui suffisent plus. Mais elle en peut employer efficacement un autre, la *condictio indebiti ;* elle a le droit de répéter son payement, si elle l'a fait dans l'ignorance de la protection que lui accordait le S. C. (LL. 9, C. h. t.; 8, § 3, D. h. t.; 26, § 3, et 40, *de cond. indeb.*, D. 12, 6.) Cette circonstance, qu'il y a ici de la part de la femme non pas erreur de fait, mais erreur de droit, n'empêche pas la *condictio indebiti* (l. 10, *de juris et facti ign.*, C. 1, 18), soit qu'on doive toujours tenir compte de l'erreur de droit en faveur de la femme, soit qu'on applique une disposition exceptionnelle à la matière du S. C. Velléien (LL. 8 et 9, pr. *de juris et factis ign.*, D. 22, 6[1]).

100. Il est bien entendu que si la femme payait en connaissance de cause, c'est-à-dire sachant bien que

[1] M. de Savigny (*Tr. de Droit Rom.*, t. III, app. VIII, n° 31) soutient que la faveur accordée aux femmes par rapport à l'erreur de droit, était autrefois illimitée, mais qu'à partir de l'empereur Léon, elle fut restreinte, à titre d'exception, à certains cas particuliers, parmi lesquels figurerait celui qui nous occupe.

le S. C. Velléien la dispense de le faire, elle ne pourrait pas répéter : *indebitum solutum sciens non recte repetit* (L. 9, pr., *de cond. indeb.*, C. 4, 5, et l. 23, § 6, *eod. tit.*, D. 12, 6.) Nous savons aussi que le payement fait au créancier d'autrui par une femme qui n'avait au préalable contracté aucune obligation est parfaitement valable et ne saurait donner lieu à une *condictio indebiti*. (LL. 4, §§ 1 et 5 ; D, 4 et 9, C. h. t.)

101. Lorsque la femme qui s'est obligée pour autrui délègue son débiteur au créancier au lieu de lui faire un simple payement il y a encore lieu à la *condictio indebiti* : *solvit enim qui reum delegat.* (L. 8, § 3, D.)

102. Si ce tiers délégué, se croyant par erreur débiteur de la femme déléganté, s'oblige envers le délégataire, il peut se dispenser de payer soit en opposant l'exception du S. C. qui lui appartient en qualité de mandataire de la femme, soit en agissant par la *condictio incerti* contre le créancier pour que celui-ci le libère par acceptilation (LL. 7, § 1, *de doli m. et met. except* D., 44, 4 ; et 2, § 4, *de donat.*, D., 39, 5) ; mais si ce débiteur délégué a déjà payé le délégataire, il peut exercer contre lui la *condictio indebiti*. Il en est de même du créancier de la femme envers qui elle a contracté une obligation qui n'a été pour elle qu'un moyen d'intercéder. Celui-là peut exercer aussi la *condictio indebiti*. (L. 19, § 5, D. h. t. — V. l'explication de cette loi ch. V, § 2, *in f.*)

103. II. de la revendication. — *La condictio indebiti*

dont je viens de parler ne suffirait pas à la femme si, pour exécuter son intercession, elle avait vendu ou livré sa chose, ou si elle l'avait grevée d'un droit de gage ou d'hypothèque. On lui accorde alors pour rentrer dans les droits qu'elle a aliénés *intercessionis causa*, un droit de revendication. La femme revendique soit sa chose elle-même, soit le droit réel qu'elle a constitué sur sa chose. (L. 32, §§ 1 et 2, D., h. t.)

Cette revendication n'est pas empêchée parce que le fonds se trouverait dans les mains d'un tiers acquéreur de bonne foi. Elle peut néanmoins avoir lieu contre lui, par ce que le vendeur n'a pu transmettre à son acheteur plus de droits qu'il n'en avait lui-même ; or il n'avait pas un droit réel valable. Le S. C. s'y opposait. C'est ce que décide la loi 32, § 1, D., dans laquelle Pomponius semble indiquer par ces mots : *vera est eorum opinio qui*.... que la décision qu'il enseigne n'avait pas été admise sans contestation.

104. On a fait remarquer avec raison que dans le cas de revendication, l'argument tiré du S. C. se présentera toujours sous forme de réplique à l'exception tirée de la convention de gage ou de la vente et proposée par le tiers détenteur.

§ IV. — Le sénatusconsulte Velléien ne permet pas que la femme soit obligée, même naturellement.

105. La femme qui a intercédé contrairement aux dispositions du S. C. Velléien n'est pas même obligée naturellement. *Totam obligationem senatus improbat.*

(L. 16, § 1, D. h. t.) C'est ce qui résulte à n'en pas douter des effets qu'on vient de voir attachés au S. C. à l'égard de la femme. En effet celle-ci peut exercer la *condictio indebiti* et elle n'en aurait pas le droit si elle était obligée naturellement. Car c'est précisément un des caractères de l'obligation naturelle d'empêcher la répétition de ce qui a été payé par son exécution. (LL. 13 et 19, *de cond. indeb.* D., 12, 6; L. 10, *de oblig. et act.* D. 44, 7; L. 16, § 4, *de fidejus.* D., 46, 1.) On regardait l'exception de S. C. Velléien comme n'étant pas *ab æquitate naturali abhorrens.*

Un des signes principaux de l'existence d'une obligation naturelle, c'est la possibilité d'une fidéjussion. Or on a vu que, d'après l'opinion qui avait prévalu, le fidéjusseur d'une femme intercédante était fondé à opposer l'exception du S. C., se fût-il engagé *donandi animo.* (L. 16, § 1, D. h. t.)

Enfin la loi 2, *quæ res pign.*, D. 20, 3, n'admet pas la validité du gage donné comme garantie de l'intercession d'une femme. Or, en règle générale, le gage ou l'hypothèque sont valables par cela seul qu'ils garantissent une obligation naturelle. Il faut donc nécessairement conclure dans notre matière à l'absence de toute obligation de ce genre[1].

100. Avant de passer aux effets du S. C. Velléien à l'égard du créancier, il me reste à dire quelques mots de la question de savoir si l'obligation de la

[1] V. sur ce point M. Machelard : *Des Obligations naturelles en Droit Romain*, pp. 276 et suiv.

femme qui a intercédé pour autrui est éteinte *ipso jure* ou seulement *exceptionis ope*. J'ai déjà tranché implicitement cette question en indiquant comme effet naturel et principal du S. C., à l'égard de la femme, le refus d'action. Je pense en effet que la femme qui invoque avec succès le S. C. Velléien ne reste pas tenue en droit civil. Mais mon opinion n'est point partagée par la majorité des auteurs[1]. Mes arguments sont dans l'absence complète de textes faisant mention de cette prétendue obligation *ipso jure* et dans les termes clairs et impératifs dont s'est servi le sénat, lui qui fonde le droit civil et par conséquent ne doit pas craindre, comme le préteur, de contredire ses dispositions. Le sénat ne parle pas d'exception, et si l'on trouve dans la pratique une exception du S. C. Velléien, c'est que la question de savoir si la femme a intercédé n'est pas toujours claire et facile à résoudre, et que le préteur aime mieux la renvoyer à l'examen du juge que de la trancher lui-même.

Il y a des cas où il est impossible d'admettre à la charge de la femme une obligation *ipso jure*, par exemple, le cas où la femme a intercédé en faisant le pacte de constitut ou le pacte d'hypothèque et celui où elle voudrait se porter *defensor* pour autrui. (L. 2, § 5, D. h. t.)

D'ailleurs on ne saurait soutenir dans notre matière

[1] Voir l'opinion contraire émise notamment par M. Pellat : *Textes choisis de Pandectes*, p. 219 ; *Exposé des principes du Droit Romain sur la propriété*, p. 275, — et par M. Machelard, *loco citato*.

que le préteur ne puisse pas d'office appliquer à une femme le bénéfice du S. C. et que le juge ne trouvant pas l'exception dans la formule ne puisse pas l'y suppléer, ce qui constitue cependant des conséquences forcées de ce fait qu'une obligation est éteinte non pas *ipso jure*, mais *exceptionis ope*. Le préteur est si peu forcé d'attendre que la femme invoque le S. C. pour en appliquer les effets, qu'il donne au créancier, dès que celui-ci la demande, l'action rescisoire dont je parlerai tout à l'heure. Il la lui donne alors même que la femme aurait payé pour le mettre à l'abri de la *condictio indebiti* dont il continue d'être menacé. Enfin cette action restitutoire appartient encore au créancier lorsqu'il a libéré la femme par acceptilation, parce que, dit Ulpien, *inanem dimisit obligationem*. (L. 8, § 9, D. h. t.)

Les conséquences attribuées par la Loi 8, § 12, à la confusion résultant de ce que le créancier succède à la femme intercédante, montrent bien encore qu'il n'y a en droit civil, *ipso jure*, aucune obligation à la charge de celle-ci. Si une pareille obligation existait, le créancier devrait être sans recours contre le débiteur originaire, parce qu'il ne peut profiter d'un bénéfice réservé à la femme. Cependant le préteur lui rend l'action primitive, *cum non obligatæ cum effectu successerit*. (L. 8, § 12, D. h. t.) De même le créancier héritier de la femme ne peut, pour le calcul de la quarte Falcidie, compter parmi les dettes de la défunte ce qu'elle devait *intercessionis causa*. Ce qu'il aurait évidemment le droit de faire s'il était obligé *ipso jure*, puisqu'alors il pourrait payer et négliger le bénéfice du S. C.

Citons encore la loi 48, *de fidej.*, D. 46, 1, de laquelle il ressort bien clairement que la femme n'est pas obligée *ipso jure* par son intercession. Cette loi ne permet pas au cofidéjusseur de la femme d'invoquer le bénéfice de division, *cum scire potuerit aut ignorare non debuerit mulierem frustra intercedere*, tandis qu'au contraire le majeur cofidéjusseur d'un mineur obtiendrait ce bénéfice malgré la possibilité d'une *restitutio in integrum*.

Le juge peut, comme le préteur, ai-je dit, suppléer d'office l'exception du S. C. Velléien. Cela ne peut paraître douteux si l'on songe que la femme peut encore opposer l'exception même après la sentence pour en empêcher l'exécution. D'ailleurs si le juge reconnaissait comme valable l'intercession de la femme, il violerait le S. C. et sa sentence n'aurait aucune valeur. *Non jure profertur sententia si specialiter contra leges vel senatusconsulta fuerit probata, valere non debet et ideo et sine appellatione causa denuo induci potest.* (L. 19, *de appell. et relat.* D. 49, 1.)

Un dernier argument qu'on pourrait faire valoir en faveur de l'obligation *ipso jure* de la femme intercédante est tiré de la loi 95, § 2, *de solut. et liber.* D. 46, 3, dans laquelle Papinien semble qualifier d'*obligatio civilis* l'obligation de la femme qui a intercédé et l'assimile à celle dont est tenu le fiduciaire qui a restitué l'hérédité d'après le Trébellien. Mais il suffit d'analyser ce texte avec soin pour se convaincre que l'*obligatio civilis* dont parle le jurisconsulte, c'est l'obligation du débiteur principal à qui la femme succède et qui, lui, était tenu *jure*, et non pas une obligation civile qu'on voudrait faire résulter de l'intercession. J'ai suffisamment démontré qu'on ne saurait, sans se mettre en contradiction avec les textes et avec les principes, faire produire à l'intercession de la femme une obligation de ce genre.

SECTION II. — Effets du sénatusconsulte velléien par rapport au créancier, ou de la restitution d'action.

§ Ier. — Caractères de cette restitution.

107. J'arrive ici aux effets que le préteur faisait produire équitablement au S. C. Velléien et par lesquels il suppléait aux lacunes de ses dispositions. Supprimer radicalement toute action contre la femme ou la mettre à couvert sous une exception, était chose juste et pouvait suffire à la rigueur pour sanctionner la prohibition du sénat. Mais cela n'aurait pas moins abouti en définitive à un résultat inique, la libération toute gratuite du débiteur aux dépens de son créancier. Le préteur y a remédié ainsi que je l'ai annoncé plus haut. Il restitue au créancier l'action primitive qu'en droit il avait perdue par la novation résultant de l'intercession de la femme. En parlant de novation, j'écarte par là même le cas où l'intercession de la

femme aurait été cumulative, suivant une expression que j'ai expliquée ci-dessus, c'est-à-dire où elle serait venue accéder à l'obligation primitive sans la nover et par conséquent sans rien changer aux rapports qui existaient entre le créancier et son débiteur. Dans ce cas, l'intercession de la femme étant anéantie, le créancier ne perd que la garantie accessoire qu'il avait cru y trouver, ou plutôt il ne perd rien; il n'y a rien à lui restituer. Je me suppose donc en présence d'une intercession privative.

Dans cette hypothèse, de quelle nature est la restitution que le préteur accorde au créancier?

108. D'après Doneau et Voët, c'est une véritable *restitutio in integrum* dont la cause n'est pas comprise spécialement dans l'édit, mais se trouve suffisamment autorisée par ces mots : « *Item si qua alia mihi justa causa esse videbitur, in integrum restituam.* » (L. 1, § 1, *in f. Ex quib. caus. maj.* D. 4, 6.) Mais ni Voët, ni Doneau ne répondent aux objections suivantes :

1° Le titre : *de in integrum restitutionibus*, au Digeste ne fait pas la plus petite allusion à la situation du créancier dont il s'agit.

2° Aucun texte, en parlant de la restitution d'action accordée à l'occasion du S. C. Velléien, ne laisse soupçonner que cette restitution soit précédée de la *causæ cognitio* et se passe en vertu d'un décret du préteur, comme cela doit avoir lieu quand il s'agit de *restitutio in integrum*. (L. 3. *de in integr. restit.* D. 4, 1.)

3° La *restitutio in integrum* doit, sous peine de déchéance, être demandée dans un certain délai, une année utile dans l'ancien droit, quatre ans continus depuis Justinien. Au contraire l'action restitutoire est perpétuelle, *perpetuo competit*, dit la loi 10, D. h. t.

4° La loi 8, § 13, D., indique que le créancier peut demander la restitution d'action alors même qu'il aurait un autre moyen de se faire rembourser, tandis que l'*in integrum restitutio* est une dernière ressource qu'on ne peut employer qu'en l'absence de toute autre. (L. 16 pr., *de minor*, D. 4, 4.)

5° Gaius, à la loi 12, *de minor*, D., qualifie de droit commun cette restitution d'action, *communi jure in priorem debitorem actio restituitur*. Or, l'*in integrum restitutio* est tout à fait en dehors du droit commun et c'est sous le nom d'*extraordinarium auxilium* qu'elle est toujours désignée par Gaius et par tous les jurisconsultes.

100. De l'impossibilité où je me trouve de répondre à cette série d'objections, je conclus qu'il n'y pas d'*in integrum restitutio* dans l'action accordée au créancier par le préteur et qui n'est autre que l'action primitive, *pristina actio* conservée par lui au créancier malgré la novation qui *jure civili* a libéré le débiteur. On comprend ainsi pourquoi cette action est appelée *utilis* et *restitutoria* ou *rescissoria*, puisqu'elle est introduite par le préteur, qu'elle rend au créancier une action qu'il avait perdue et qu'elle ne tient aucun compte de l'intercession de la femme. C'est ainsi, comme on le voit à la loi 50 *de minor*, D. 4, 4, que le créancier d'un

mineur qui s'est obligé pour autrui et a obtenu la *restitutio in integrum* reçoit une action analogue et se trouve rétabli dans sa situation primitive. C'est ainsi que le préteur accorde une foule d'actions dans des circonstances diverses, notamment dans le cas de la *minima capitis deminutio* frappant un débiteur comme on peut le voir au § 38 du C. IV de Gaius : « Desinit jure civili debere nobis, nec directo intendere possumus dare eum eamve oportere sed.... introducta est contra eum eamve actio utilis, rescissa capitis deminutione[1]. »

§ II. — A qui est accordée l'action restitutoire.

110. On peut dire en général que l'action restitutoire est ouverte à tous ceux à qui la femme peut opposer l'exception du S. C. Velléien et qui par conséquent souffrent de cette exception. Ainsi elle appartient non-seulement au créancier, mais encore à ses héritiers ou autres successeurs. (L. 10, D. h. t.)

111. Cependant l'action n'est pas toujours restituée à chacun des créanciers lorsqu'il y en a plusieurs. C'est ce que nous voyons à la loi 8, § 11. D. h. t. pour le cas où il y a deux *rei stipulandi*. « La pensée d'Ulpien, dit M. Demangeat, est de signaler dans ce texte le contraste entre les personnes qui sont libérées de leur dette et celles qui sont privées de leur droit par suite de l'intercession de la femme[2]. » Dans l'espèce prévue

[1] Conf. M. Demangeat, *des Obligations solidaires*, p. 61.
[2] V. M. Demangeat, *loc. cit.*

par la loi 8, § 11, l'un des créanciers n'a aucun droit à la restitution, puisque le S. C. n'a jamais pu être invoqué contre lui. En ce qui le concerne, les choses se passent comme si le S. C. n'existait pas, la novation conserve toute son efficacité.

§ III. — Contre qui l'action est restituée.

112. Contre tous ceux qui, suivant les principes de l'ancien droit, se sont trouvés libérés par l'intercession de la femme. Il en doit être ainsi pour que le créancier soit remis sous tous rapports dans la position où il se trouvait avant cette intercession. *Integra causa pristina restituenda est.* (L. 14. D. h. t.) L'action est donc restituée :

1° Contre l'ancien débiteur principal, *in veterem debitorem.* (L. 1, § 2, D.)

2° Contre les héritiers et autres successeurs du débiteur. (L. 10, D.)

3° Contre les fidéjusseurs. (L. 14, D.)

4° Contre chacun des *correi promittendi*, soit que la femme ait intercédé pour tous ou seulement pour l'un d'entre eux; car dans ce dernier cas l'intercession de la femme n'en libère pas moins tous les autres. (L. 20, D. h. t. et L. 2, *de duob. reis*, D. 45, 2.)

5° Contre la femme elle-même, si elle a succédé au débiteur primitif. (L. 8. § 13, D.) Dans ce cas la femme peut aussi être poursuivie par l'action directe résultant de son intercession. Ulpien donne le choix au créancier et il ajoute : « *Nihil enim mulieris interest qua actione conveniatur.* » J'ai tiré argument de ce texte pour démontrer qu'il n'y avait pas de *restitutio in integrum* dans l'action restitutoire.

6° Contre le maître ou contre le père de l'esclave ou du fils de famille pour qui la femme s'est obligée. (LL. 9 et 32, § 5, D.)

7° Contre celui qui n'a jamais été débiteur parceque l'intercession de la femme l'a dispensé de s'obliger. (L. 8, § 14, D.) Il ne peut y avoir alors une véritable restitution d'action, puisqu'il n'a jamais existé d'action contre la femme. Aussi le préteur institue ici une action qu'il donne au créancier et qu'on appelle pour cela action institutoire. *Instituit magis quam restituit obligationem,* dit Ulpien. Cette action d'ailleurs est de la même nature que celle que le créancier aurait eue contre la femme si elle eût été valablement obligée, *ut perinde obligeris eodem genere obligationis quo mulier est obligata.* Ce serait une action *quasi ex stipulatu,* si la femme avait contracté *verbis.* (L. 8, § 4, D.)

§ IV. — Quand la restitution d'action n'a pas lieu.

113. L'action n'est pas restituée au créancier et par conséquent le débiteur est définitivement libéré :

1° Dans tous les cas d'exception au S. C. Velléien. (V. ch. V. ci-dessus), parce que la femme est alors obligée efficacement.

2° Lorsque la femme a payé sachant bien qu'elle

pouvait se dispenser de le faire, car dans ce cas il ne lui est pas permis de répéter. (L. 8, § 10, D.)

3° Lorsque la femme renonce au droit qu'elle a d'opposer l'exception du S. C. et se présente en justice après avoir donné caution au créancier qu'elle n'invoquera pas ultérieurement cette exception. Le débiteur se trouve ainsi libéré. (L. 32, § 4, h, t., et L. 25, *de solut.*, D. 46, 3.)

4° Lorsque le créancier ne souffre aucun préjudice à cause de l'exception dont il s'agit. C'est ce qui arrive, par exemple, si le créancier a fait acceptilation à son débiteur à condition qu'il lui fournirait un *expromissor* et si le débiteur a présenté une femme pour s'engager à sa place. Le créancier a bien alors perdu son action primitive, mais il lui est inutile de la recouvrer ; il en a une autre, une *condictio ob rem dati, re non secuta*, résultant de ce qu'en réalité le débiteur n'a pas accompli la condition sous laquelle il avait été libéré. *Quid enim interest non det aut talem det?* (L. 8, § 8, h, t., et L. 4, *de cond. causa data*, D. 12, 4.)

5° Lorsque l'action, fût-elle restituée au créancier, ne pourrait lui être utile à raison de la qualité de la personne contre qui elle compéterait. On en trouve des exemples à la loi 8, § 15, qui prévoit le cas où une femme a intercédé pour un pupille qui ne pouvait pas s'obliger sans l'autorisation de son tuteur et qui par conséquent ne peut être poursuivi, en supposant toutefois qu'il ne s'est pas enrichi par suite du contrat. — Celui où le débiteur est un mineur de 25 ans qui se trouve dans un des cas où il peut demander et obtenir l'*in integrum restitutio*. — Celui où c'est un fils de famille obligé contrairement aux dispositions du S. C. Macédonien. Dans ces différentes hypothèses le créancier est privé de toute espèce de recours tant contre la femme que contre le débiteur primitif. Et c'est à lui seul qu'il doit s'en prendre d'avoir été deux fois imprudent.

114. On trouve à la loi 13, § 1, D., un cas où le créancier n'a pas besoin de restitution du moins en ce qui concerne l'action hypothécaire qui ne cesse pas d'exister à son profit, l'action principale fût-elle perdue pour n'avoir pas été restituée en temps utile. Ce résultat peut paraître singulier et même contraire à ce principe que l'accessoire ne peut subsister quand le principal n'existe plus. On se l'explique néanmoins si l'on réfléchit que dans le droit romain l'hypothèque a une existence propre, indépendante et ne s'éteint que dans les cas déterminés par le préteur. *Suas conditiones habet hypothecaria actio, id est, si soluta est pecunia, aut satisfactum est, quibus cessantibus tenet.* (L. 13, § 4, *de pign. et hypothec.*, D. 20, 1.) Dans l'hypothèse de la loi 13, § 1, le créancier n'a pas été payé et il n'a pas reçu de satisfaction réelle, car l'intercession de la femme est pour lui comme non avenue. L'hypothèque subsiste donc et il peut exercer l'action réelle qui en résulte comme s'il n'y avait pas eu d'intercession, *quia verum est*, dit

Gaius, *convenisse de pignoribus nec solutam esse pecuniam* [1]

115. Non-seulement il peut arriver que l'action hypothécaire survive à l'action personnelle, comme on vient de le voir, mais il y a un texte, la loi 20 pr. D., qui nous montre le préteur, non content d'instituer en faveur du créancier une action nouvelle y ajouter encore la garantie d'une action hypothécaire contre une personne qui ne lui a jamais consenti d'hypothèque. Cette loi 20 suppose que la femme intercédante a reçu de ceux pour qui elle intercédait un gage ou une hypothèque, mais le créancier savait qu'elle s'obligeait pour d'autres, puisque c'est lui *qui mulierem ream elegerat;* la femme lui oppose donc avec succès le S. C., elle est mise hors de cause et le gage qu'elle-même avait donné est affranchi de toute affectation à la dette. Que fait alors le préteur? Il donne d'abord au créancier une action personnelle (action institutoire) contre les débiteurs *in principales debitores*, ou plutôt contre ceux qui seraient devenus débiteurs sans l'intercession de la femme et il y ajoute une action hypothécaire sur les choses qu'elle avait reçues d'eux en gage, *etiam in res quæ mulieri obligatæ sunt*, comme si c'était au créancier lui-même qu'elles eussent été engagées.

116. L'acceptilation faite par le créancier à la femme n'empêche pas la restitution d'action (L. 8, § 9,

[1] Voir M. Machelard, *Textes sur les hypothèques*, pp. 157 et 161.

D.), parce que, comme le dit Ulpien lui-même, *inanem obligationem dimisit.* Il est superflu d'ajouter qu'il en serait autrement si la femme était valablement obligée, par cela même qu'on se trouverait dans un cas d'exception au S. C., toute restitution d'action serait devenue impossible. (V. au 1° de ce §.)

117. De même, aux termes de la loi 8, § 12, la confusion n'empêche pas la restitution d'action lorsque le créancier devient héritier de la femme, parce que celle-ci n'était pas obligée efficacement, *cum non obligatæ cum effectu successerit*, dit encore le jurisconsulte Ulpien.

118. Enfin, je ferai remarquer que la bonne foi du créancier n'est nullement une condition de la restitution d'action, puisqu'au contraire, pour qu'il y ait lieu à cette restitution, il faut que le S. C. lui soit opposé et qu'on ne pourrait s'en prévaloir contre lui s'il était dans l'ignorance de l'intercession. C'est ce qui ressort d'ailleurs de la loi 20 que j'ai analysée plus haut et qui suppose que c'est le créancier lui-même *qui mulierem ream elegit.*

§ V. — A partir de quand et jusqu'à quelle époque l'action restitutoire peut être exercée.

119. Il semble au premier abord que le créancier doive attendre, pour exercer l'action restitutoire, que la femme ait invoqué le S. C. ou, si elle a payé, qu'elle ait exercé la *condictio indebiti*, ou tout au moins que le terme soit échu ou la condition accomplie, si l'obli-

gation de la femme intercédante est à terme ou sous condition. Mais si l'on se rappelle l'inefficacité complète de l'obligation contractée par la femme, et si l'on réfléchit qu'imposer des délais au créancier, c'est prolonger pour de simples éventualités l'incertitude dans laquelle il se trouve, on conclut qu'il vaut mieux permettre au créancier d'agir par l'action restitutoire, dès qu'il le veut. C'est ce que décide, en effet, la loi 24, § 2, D., aux termes de laquelle le créancier peut exercer l'action restitutoire, *statim*, aussitôt après l'intercession de la femme.

120. J'ai fait remarquer déjà que la restitution d'action ne doit pas nécessairement et sous peine de déchéance être demandée dans un certain délai (une année utile ou quatre ans continus depuis Justinien) comme l'*in integrum restitutio*, mais qu'au contraire elle est perpétuelle, *perpetuo competit*. C'est ce que dit la loi 10, D., sur le sens de laquelle il me reste à m'expliquer.

Il ne faut pas entendre cette loi en ce sens que l'action restitutoire soit toujours et quand même une action perpétuelle. Les mots : *perpetuo competit*, pris à la lettre conduiraient, il est vrai, à une pareille interprétation, mais d'autres textes la repoussent et montrent qu'elle serait évidemment contraire à la pensée du jurisconsulte. L'action restitutoire n'est perpétuelle que lorsque l'action primitive l'était aussi ; si cette dernière était temporaire, l'action restitutoire est temporaire : comment comprendre, en effet, que la restitution, loin d'atténuer l'action primitive, y ajoute au contraire quelque chose, et de temporaire qu'elle était, la rende perpétuelle? Ce serait là dépasser et par conséquent violer la règle posée à la loi 14 par le jurisconsulte Julien, que la *pristina causa* doit être restituée *integra*; au contraire, Paul de qui est la loi 10 se conforme bien à cette règle dans la loi 24, § 5, où, prévoyant le cas d'une action primitive temporaire, il décide que l'action restitutoire sera aussi temporaire, *temporalis actio restituetur*.

121. Une difficulté s'élève sur l'interprétation des derniers mots de cette loi 24, § 5. En effet, après avoir dit que si l'action primitive était temporaire, l'action restituée le sera aussi, le jurisconsulte ajoute : « Sic tamen ut ex præcedenti causa continua tempora numerarentur post restitutionem : quamvis statim, atque intercessit mulier competierat. » Pothier, Pandectes, ad S. C. Vell., n° 40, se conformant à l'avis de Cujas, émet l'opinion que le texte doit être corrigé et qu'au lieu de *quamvis* il faut lire *quia* ou *quoniam*. « Le sens, dit-il, est que le temps de l'action court depuis l'époque où l'obligation a été contractée, parce qu'il n'a jamais dû être interrompu, puisque le créancier n'a pas cessé de pouvoir agir contre le premier débiteur, non pas à la vérité en vertu de l'ancienne action, mais en vertu de l'action restitutoire. » Cette interprétation serait parfaitement admissible, selon moi, si elle ne nécessitait une correction du texte de la loi 24, et si je ne pensais qu'on peut arriver à entendre cette loi sans en corriger le texte et sans déroger aux principes

posés plus haut. Paul aurait voulu dire simplement qu'on comptera pour la durée de l'action, le temps qui s'est écoulé depuis la naissance de l'obligation jusqu'à l'intercession de la femme, mais que le délai sera interrompu à partir de cette intercession et ne recommencera à courir qu'après la restitution d'action, *post restitutionem*, et cela quoique cette restitution ait pu être obtenue par le créancier aussitôt après l'intercession. Je crois que l'on peut concilier ainsi la lettre et l'esprit du texte qui nous occupe.

CHAPITRE VII

DES INNOVATIONS INTRODUITES PAR JUSTINIEN, TOUCHANT LA FORMALITÉ D'UN ACTE PUBLIC ET L'INTERCESSION DES FEMMES POUR LEURS MARIS.

122. Ce chapitre est spécialement consacré à l'examen des deux points que je viens d'indiquer, parce que les autres innovations de l'empereur Justinien relatives au sénatusconsulte Velléien, ont été mentionnées et étudiées ci-dessus chacune en leur lieu.

§ Ier. — De la formalité d'un acte public.

123. On lit à la loi 23, § 2, C. h. t. « Ne autem mulieres perperam sese pro aliis interponant, sancimus non aliter eas in tali contractu posse pro aliis sese obligare, nisi instrumento publice confecto et a tribus testibus subsignato, accipiant homines a muliere pro aliis confessionem.... » Telles sont les formalités extérieures dont Justinien entoure pour l'avenir l'intercession des femmes. Que si ces formalités sont remplies, ajoute-t-il, tout se passe comme dans l'ancien droit, c'est-à-dire conformément au S. C. Velléien. Que si, au contraire, elles ne le sont point, c'est comme s'il n'y avait eu ni écrit, ni convention ; l'opération tout entière est frappée de nullité, *pro nihilo habeatur*. Rien n'est plus simple et plus radical que cette sanction, mais on a beaucoup discuté la question de savoir en quel cas elle doit être appliquée.

124. Il n'est pas douteux que les intercessions qui, antérieurement à la loi 23, § 2, ne pouvaient donner lieu contre la femme à aucune action, ou lui faisaient accorder l'exception *S. C. Velleiani*, pour repousser l'action donnée contre elle, il n'est pas douteux, dis-je, que ces intercessions demeurent non-seulement inefficaces, mais nulles de plein droit, après cette loi, lorsque les parties ne se sont pas conformées à ses dispositions. Ce n'est évidemment pas ce qu'a voulu établir Justinien ; on ne peut même pas dire qu'il ait substitué une nullité *ipso jure* à une nullité *exceptionis ope*, puisque, comme je l'ai démontré ci-dessus, cette dernière nullité résultait déjà avant lui des termes mêmes du S. C. Velléien. Il serait donc absurde de restreindre les dispositions de la loi 23, § 2, aux intercessions prohibées et d'appliquer au contraire l'ancien droit aux intercessions permises exceptionnellement. Ce serait enlever toute espèce de sens à cette loi, et

par conséquent lui faire manquer son but, qui est de prémunir de plus en plus les femmes contre les entraînements de leur faiblesse, *ne mulieres perperam sese pro aliis interponant.*

125. Je ne puis admettre davantage un autre système soutenu, comme le précédent, par des interprètes recommandables du droit romain, et d'après lequel la femme ne peut plus se prévaloir du S. C. Velléien dès lors que son intercession est contenue dans un acte public en bonne forme. Il faudrait être bien prévenu en faveur d'un pareil système pour le soutenir, quand Justinien nous dit que l'accomplissement des formalités exigées par la loi 23 n'aura qu'un effet, celui de faire appliquer à l'intercession toutes les règles de l'ancien droit... *Tunc enim tantummodo eas obligari et sic omnia tractari quæ de intercessionibus fœminarum, vel veteribus legibus cauta, vel ab imperiali auctoritate introducta sunt.*

126. Voici, selon moi, le véritable sens de la constitution justinienne : s'il n'y a pas eu d'acte public, il n'y a pas d'intercession, et la femme n'est pas obligée, quand même on serait dans une hypothèse où, par exception au S. C., elle aurait pu valablement intercéder ; si, au contraire, le créancier représente un acte public, le S. C. Velléien reçoit purement et simplement son application, c'est-à-dire que toute action est refusée contre la femme, à raison de son intercession, ou qu'elle peut repousser l'action donnée contre elle par l'exception *S. C. Velleiani*, à moins qu'elle

ne se trouve dans un des cas exceptionnels indiqués dans le chapitre v.

127. Il est bien entendu que la loi 25, § 2, s'applique exclusivement aux actes qui réunissent tous les caractères constitutifs de l'intercession, et non à ceux dont j'ai parlé au § 5 du chapitre IV, et qui n'ont de l'intercession que l'apparence. La formalité d'un acte public n'est donc pas requise lorsque la femme s'oblige *animo donandi*, de manière à libérer celui pour qui elle intercède, ou lorsqu'elle contracte dans son propre intérêt, ou bien encore dans les actes destinés à cacher une intercession, mais auxquels le S. C. Velléien ne s'applique que si le créancier en connaît le but et la portée, c'est-à-dire s'il est de mauvaise foi. Remarquons encore que les seules actions qui dérivent directement de l'intercession tombent en vertu de la loi 25, § 2, tandis que cette loi laisse parfaitement subsister celles dont l'intercession n'a été que l'occasion.

§ II. — Du cas où la femme intercède pour son mari.

128. J'ai dit au commencement du chapitre II que la défense d'intercéder pour autrui avait été introduite dans le droit par les prudents dès le temps de la république, et que des édits d'Auguste et de Claude l'avaient confirmée en l'appliquant spécialement au cas où elle devait être le plus utile, celui où les femmes intercéderaient pour leurs maris. Ulpien, à la loi 2

pr. de notre titre, mentionne ces édits sans indiquer clairement s'ils soumettaient à une disposition exceptionnelle l'intercession de la femme pour son mari, ou s'ils ne faisaient qu'appliquer à cette hypothèse une règle générale. Quoi qu'il en soit, on trouve dans ces édits la première mention qui soit faite d'un droit spécial aux femmes mariées, la seule même, jusqu'à la nouvelle législation, qui fût introduite par la novelle 134. Car, sous l'empire du S. C. Velléien, il n'est pas douteux que toutes les dispositions de ce S. C. aient été applicables aux femmes mariées comme aux autres.

120. La disposition du chapitre VIII de la nov. 134 que je viens d'indiquer est reproduite à la suite de la loi 22 au code de Justinien ; elle y forme l'authentique *si qua mulier*, et elle est souvent désignée sous le seul nom de l'*authentique*. Aux termes de cette novelle, toute obligation de la femme pour son mari est radicalement nulle : *nullatenus hujusmodi valere aut tenere... ita esse ac si neque factum quicquam, neque scriptum.* La nullité dont il s'agit s'applique à toutes les intercessions de la femme pour son mari, sous quelque forme qu'elles se présentent, même aux actes que je dispensais tout à l'heure des formalités de la loi 23, § 2, parce qu'ils n'ont de l'intercession que la forme, sans réunir au fond les qualités qui les constituent. Ainsi l'authentique frappe de nullité les intercessions par lesquelles la femme gère sa propre affaire et, par conséquent, les obligations qu'elle contracte pour son mari, eût-elle reçu quelque chose en retour. C'est une dérogation à

la loi 25 pr. C. Il en est de même des intercessions *animo donandi*, et cela n'est pas indifférent, même en présence de la règle que les donations entre époux sont nulles; car la nullité résultant de cette règle peut se couvrir (L. 32, § 2, *de donat. int. vir. et uxor.* D., 24, 1), tandis que celle qui résulte de la novelle ne le peut pas. A peine est-il nécessaire de dire que l'authentique reçoit aussi son application dans les cas exceptionnels où la femme est valablement obligée par son intercession. C'est dans ces cas-là surtout qu'il est utile de l'observer.

130. Mais l'authentique *si qua mulier* ne s'applique pas à des actes qui, à aucun point de vue, ne constituent des intercessions; et, par exemple, aux actes qui ne peuvent être considérés comme des intercessions qu'autant qu'il y a mauvaise foi du créancier, ou aux emprunts contractés par la femme *conjointement* avec son mari, à moins que l'emprunt n'ait été contracté dans le seul intérêt de ce dernier, et qu'il n'y ait eu collusion de la part du créancier.

131. Il ressort encore des termes de la Novelle 134, qu'elle n'est applicable aux femmes mariées, qu'autant que le mariage existe; et que, par conséquent, sa prohibition n'atteint pas les femmes veuves qui intercéderaient pour leur mari prédécédé.

132. En résumé, l'authentique *si qua mulier* est le dernier mot de la législation romaine au point de vue du S. C. Velléien, qu'elle finit par supplanter presque entièrement. En effet, nous avons vu que le

principe originaire de ce S. C. est gravement atteint sous Justinien, par les exceptions nouvelles qu'il y apporte, et par le pouvoir qu'il donne à la femme de confirmer après deux ans son cautionnement ou son hypothèque. La législation a fait des progrès, et la condition des femmes s'est améliorée. « Rendu sous Claude, à une époque où l'on cherchait à reprendre par les lois une partie de ce que les mœurs avaient enlevé à l'antique dépendance des femmes, c'est sous la couleur d'une faveur et d'un privilége que le S. C. Velléien se montre à Justinien, ami des femmes et toujours dédaigneux de l'esprit des anciennes institutions [1]? »

CHAPITRE VIII

DESTINÉES DU SÉNATUSCONSULTE VELLÉIEN DANS L'ANCIEN DROIT FRANÇAIS ET DANS LE CODE NAPOLÉON.

133. Le S. C. Velléien, dont l'esprit et les motifs remontent aux premiers temps de Rome, que nous avons vu se préparer dès le commencement de l'Empire, qui fut rendu sous Claude, auquel Justinien sut toucher assez heureusement, survécut au monde romain, se maintint chez nous pendant treize cents ans, jusqu'à la promulgation du code Napoléon, et se trouve encore en vigueur aujourd'hui dans certains

[1] M. Troplong, *du Cautionnement*.

pays de l'Europe. Il serait curieux assurément de rechercher les causes qui l'ont fait paraître ou disparaître, et le secret des vicissitudes nombreuses qu'il a subies; mais *non est hic locus*, et d'ailleurs je ne me sens point à la hauteur d'une tâche aussi délicate et aussi étendue. Je me contenterai donc de signaler les traces principales que le S. C. Velléien a marquées dans notre droit coutumier.

134. A peine est-il besoin de dire que les pays de droit écrit observaient le Velléien : il était reçu dans les ressorts des parlements de Toulouse, Bordeaux, Grenoble, Pau, Aix et Douai, et dans ceux des conseils souverains de Colmar et de Perpignan; mais chacun de ces parlements avait, pour ainsi dire, sur ce S. C., une jurisprudence différente. Le parlement de Toulouse admettait comme valable la renonciation de la femme au bénéfice du S. C.; celui de Grenoble ne demandait pas à la femme de lettres de rescision pour la relever de son obligation; enfin le délai pendant lequel la nullité pouvait être demandée, était fort loin d'être uniforme[1].

135. « A l'égard des pays coutumiers, dit Merlin[2], la disposition de ce S. C. et des lois postérieures qui s'y réfèrent, en ont formé pendant longtemps le droit commun, excepté dans quelques lieux particuliers où il était permis à la femme par la coutume de s'obliger pour autrui. »

[1] Ferrière, *Dict. de droit*, v° Velléien, tome II, p. 694.

[2] Merlin, *Répert*, v° S. C. Velléien, § 1, n° 7.

136. Mais dans ces pays, comme dans ceux de droit écrit, on trouvait une extrême variété quant à la manière d'appliquer le principe. Tantôt le S. C. Velléien était rigoureusement observé, comme en Normandie; la femme ni ses héritiers ne pouvaient ratifier l'obligation qui y contrevenait; la nullité ne s'encourait pas par le laps de dix ans, et il n'était pas besoin de lettres de rescision pour la demander, il est bien entendu que toute renonciation au bénéfice du S. C. y était formellement prohibée; c'est ce qui résulte clairement d'un passage de Froland[1] reproduit par Merlin[2]. Tantôt, au contraire, les prohibitions du S. C. étaient singulièrement adoucies, et même on peut citer telle coutume qui ne tenait aucun compte de la disposition si sage de l'authentique, c'est l'ancienne coutume de Bretagne dont l'art. 216 était ainsi conçu : « Femme ne se peut obliger pour autruy, si ce n'est pour son père, ou pour sa mère, ou pour son seigneur espoux, ou pour ses enfants. » Cet article inspirait à d'Argentré la réflexion suivante : « Miranda hæc mutatio juris cum quidem prohibitio intercessionum muliebrium ab hoc incœperit, mox ad alias, porrecta sit... Quod ille senatus non probavit ac ne imperatores quidem... hoc humanitatis intuitu gens nostra adonisit... » Tantôt enfin les coutumes, admettant en principe les dispositions du S. C. et de l'authentique,

[1] Froland, *Mémoires concernant la qualité des statuts*, t. II, p. 974.
[2] Merlin, *loc. cit.*, n° 8.

avaient introduit cependant des cas nouveaux dans lesquels il était permis d'y déroger ; c'est ce qui ressort de ce passage de Coquille : « Es autres provinces, on observe le Velléian *etiam* si on est obligé pour son mari ou pour ses enfants, ce qui toutefois se doit dire avec tempérament. Comme si le mari qui est homme de métier ou état est prisonnier pour dettes, et la femme s'oblige pour lui, et ne s'aidera du Velléian, car elle doit recevoir profit de la liberté de son mari pour gagner leur vie... De même si elle s'oblige pour son fils accusé d'homicide afin qu'il ait moyen de payer l'intérêt civil et faire les frais de la rémission, ou pour le racheter de prison de guerre, car à cause de son honneur et piété naturelle, se doit dire que c'est sa cause aussi bien que celle de son fils. » Cela fait songer à l'art. 1427 du Code Napoléon. Comme on l'a dit avec raison, les mœurs de nos ancêtres se réfléchissent dans ces paroles, et nous sommes loin du droit romain.

137. Dans presque toutes les coutumes on admettait, non-seulement la renonciation au S. C., ce qui eût été de trop, selon moi, mais encore la renonciation à l'authentique. En vain, les jurisconsultes s'élevèrent contre l'abus qu'on en faisait ; en vain un arrêt de règlement du parlement de Paris du 29 juillet 1595, enjoignit aux notaires d'avoir à faire connaître aux femmes le bénéfice auquel elles renonçaient et de faire mention dans leurs minutes de l'accomplissement de cette formalité, sous peine de dom-

mages-intérêts envers les parties[1]. Les clauses de renonciation au Velléien n'en furent pas moins bien vite « superficiaires et de parade, » comme l'avait craint Coquille. L'abus en fut si fréquent que la clause en devint de style, et qu'au rapport d'un auteur de l'époque[2], les notaires en arrivèrent, pour la plupart, à n'en plus comprendre le sens : « Et si reperitur unus doctus et expertus, reperiuntur viginti quinque ignari et inexperti nullam habentes notitiam similium beneficiorum, » paroles naïves, mais à la vérité desquelles permet d'ajouter foi le respect que certains hommes d'affaires ont professé de tout temps pour les clauses de style et les formules superflues.

158. De là, des nullités d'actes auxquelles on cherchait à se soustraire[3], des désordres nombreux, des procès sans fin, et des recours sans résultats. Enfin, au mois d'août 1606, Henri IV rendit, sur la proposition du chancelier de Sillery, un édit par lequel il défendait désormais aux officiers publics d'insérer dans leurs actes aucune clause de renonciation au S. C. Velléien, non pas qu'il voulût rendre à cette disposition législative son ancienne force, mais, au contraire pour abroger, comme dit Merlin, toute la législation romaine sur ce point. Ce que voulait le bon roi, c'était que ses

[1] Bretonnier, *Questions de droit*, V° femme.

[2] Marsili, *de fidejussoribus*, n°s 38 et 39.

[3] En 1602, les notaires de Bretagne avaient obtenu un arrêt du Conseil privé qui validait les actes par eux passés au mépris des dispositions de l'arrêt de règlement du 29 juillet 1595, et leur enjoignait de s'y conformer à l'avenir et d'en faire mention. (Bretonnier, *Questions de droit*, *loc. cit.*)

notaires et ses tabellions ne parlassent plus désormais sans se comprendre, qu'ils supprimassent dans leurs actes les clauses de renonciation dont il s'agit : « les femmes, ajoute-t-il, demeurant néanmoins bien et dûment obligées. »

139. Ferrière et après lui Merlin[1] font remarquer avec raison que cet édit de 1606 n'a rien de commun avec les dispositions de la loi Julia prohibitives de l'hypothèque des biens dotaux et que cette dernière loi fut abrogée seulement par Louis XIV, en 1664, au moins pour les pays de Lyonnais, Beaujolais, Mâconnais et Forez.

140. Merlin nous apprend que l'édit de Henri IV fut d'abord enregistré au parlement de Paris, et qu'il était exécuté dans tout son ressort, sauf dans l'Auvergne et la Marche. Il fut ensuite enregistré au parlement de Bourgogne, le 7 août 1609. Un édit de décembre 1683, enregistré au parlement de Bretagne le 23 du même mois, et un autre édit du mois de novembre 1704 enregistré au parlement de Franche-Comté, le 3 janvier suivant, rendirent exécutoire la disposition de l'édit de 1606 dans le ressort de ces parlements. Quant au parlement de Normandie, il ne consentit jamais à enregistrer l'édit, et le Velléien continua d'y être rigoureusement appliqué.

141. On peut juger, d'après ces notions, des nombreuses questions de statut que devait soulever le S. C.

[1] Ferrière, *loc. cit.*, p. 695. — Merlin, *loc. cit.*, n° 10.

Velléien; elles étaient appelées questions mixtes et se présentaient le plus souvent de la manière suivante: La femme normande qui s'engage à Paris comme caution est-elle valablement obligée? Ou *vice versâ*, la Parisienne peut-elle donner un cautionnement à Rouen ou hypothéquer valablement pour la dette d'autrui les immeubles dont elle serait propriétaire en Normandie, en d'autres termes, le S. C. Velléien est-il un statut réel ou un statut personnel[1]?

142. Il y avait pour les rédacteurs du Code Napoléon deux moyens de faire cesser les divergences fâcheuses que je viens de constater dans le droit coutumier: ou bien refondre et faire entrer dans le nouveau Code la théorie du Velléien, ainsi que cela eut lieu pour toutes celles qui, venues du droit romain et conservées par les coutumes, y reçurent une place définitive; ou bien abandonner cette théorie pour l'avenir. C'est à ce dernier parti plus radical et regardé sans doute par eux comme plus sage que s'arrêtèrent nos législateurs de 1804. Le S. C. Velléien, ainsi que toutes les lois postérieures qui s'y réfèrent, ont complétement disparu de notre législation, et l'on peut même dire, chose assez remarquable, qu'ils n'y ont laissé aucune trace. Ainsi les femmes, si elles ne sont pas mariées, peuvent, sans aucune restriction, s'obliger pour autrui comme pour elles-mêmes. Si elles sont mariées,

[1] V. sur ces questions, Pothier, *des Obligations*, n° 388; Merlin, *Répert.* v° S. C. Velléien, § 2, tit. XII, et *Quest. de droit*, v° Velléien, § 3, t. V.

leur incapacité de s'obliger, qui va faire l'objet de la seconde partie de ce travail, est la même dans tous les cas. Pour qu'elles s'engagent valablement, soit pour elles-mêmes, soit pour un étranger, soit même pour leur mari, il leur faut l'autorisation de ce dernier, ou, selon les cas, celle de justice ; mais cette autorisation leur suffit toujours. (Art. 217, 1123, 1125, 1431, 1487, C. N.) Ce parti qu'ont pris les rédacteurs du Code d'abandonner complétement la théorie Velléienne est-il en effet le plus sage? C'est là une grave question que je ne puis pas traiter ici comme elle le mérite. Je me contenterai d'exprimer à cet égard mon opinion; elle se résume dans le regret de ne plus rien retrouver dans le Code Napoléon du S. C. Velléien et dans le désir d'en voir reparaître un jour le principe, sinon avec toute sa rigueur, du moins tel qu'il était entendu et restreint par la Novelle 134.

Sans doute la famille n'est plus chez nous cette institution politique qu'en avait faite la loi romaine ; et dans laquelle les femmes étaient sacrifiées; l'affection naturelle a pris dès longtemps le dessus dans les législations modernes ; c'est avec raison que la loi a mis les femmes presque au même rang que les hommes, et qu'elle leur a accordé, comme épouses et comme mères, une bienveillance à laquelle elles ont droit. Mais le caractère de la femme, en ce qu'il peut avoir de trop faible ou de trop obligeant, n'a pas changé, et il exige toujours aussi impérieusement pour elle la constante protection du législateur. Que la femme la trouve suffisante dans l'autorisation qu'elle doit obtenir de son mari ou de justice avant de s'obliger pour autrui, cela est possible ; mais, à coup sûr, cette protection n'existe plus lorsque la femme s'oblige pour son mari. Et cependant, c'est quand la faiblesse de la femme est plus à craindre, parce qu'elle a plus de raisons pour y succomber, qu'il lui faudrait une protection plus forte contre elle-même. Cette protection, la Novelle 134 la lui avait donnée, le Code Napoléon la lui a enlevée. Sans doute il peut être convenable dans certains cas que la femme ait le droit de venir au sécours de son mari, et de lui prêter une assistance qu'il ne trouverait peut-être pas chez des étrangers; mais cette considération doit céder, selon moi, devant le danger de sacrifier plus souvent les intérêts de la femme à ceux du mari et de les voir entraînés l'un et l'autre dans une ruine commune. J'ajouterais volontiers, si je ne craignais d'être téméraire, que le rétablissement de l'Authentique permettrait peut-être de simplifier singulièrement notre régime hypothécaire et de faire disparaître du Code Napoléon deux des points les plus sujets à controverse et les plus féconds en procès : le régime dotal et l'hypothèque légale de la femme.

Telle est, au point de vue du droit français, la conclusion pratique de mon travail sur une de ces théories précieuses et durables, telles que le sénat romain avait encore la bonne fortune d'en sanctionner sous

Claude, alors même qu'il avait oublié le soin de sa dignité et que, s'il avait cessé de paraître une assemblée de rois, il était resté du moins une réunion de jurisconsultes.

DEUXIÈME PARTIE

DROIT FRANÇAIS

DE

L'INCAPACITÉ DE LA FEMME MARIÉE

SOURCES. — Code Napoléon, art. 215 à 226, 776, 905, 934, 940, 1029, 1096, al. 2, 1124, 1125, 1304, 1312, 1449, 1534, 1538, 1549, al. 3, 1576, 1990, 2208. Code de Procédure civile, art. 861 à 864. — Code de Commerce, art. 4, 5, 7.

PRÉLIMINAIRES

1. Ainsi que je l'ai dit en terminant la première partie de ce travail, le droit français ne contient aucune disposition législative qui rappelle plus ou moins exactement le sénatusconsulte Velléien. Je me suis même permis de le regretter. A défaut de dispositions de ce genre, j'ai cherché dans notre droit une théorie qui eût quelques rapports avec celle que je viens d'exposer, et je n'en ai point trouvé qui s'en rapprochât plus que la théorie de l'incapacité de la femme mariée.

En effet ce sujet a ceci de commun avec le précédent, qu'il traite comme lui d'une incapacité dont les femmes se trouvent frappées, mais il en diffère d'ailleurs sous tous les autres rapports. L'incapacité de la femme mariée n'a pas été inspirée par les mêmes motifs qui préoccupaient le sénat de Rome lors de la promulgation du Velléien : elle ne s'applique pas comme ce sénatusconsulte à toutes les femmes, mais en revanche elle n'est pas restreinte comme lui à une seule espèce d'actes ; elle devient au contraire la règle générale pour les femmes qui en sont atteintes.

J'ai dû forcément me contenter de cette analogie tout à fait incomplète : en somme, je vais traiter maintenant un sujet fort différent du premier, et ce n'est pas sans un certain regret que je me trouve ainsi privé d'une source si féconde d'observations judicieuses et utiles, celle que fournit toujours une matière juridique dont l'origine est fort ancienne et que des transformations nombreuses ont amenée à un certain degré de perfection.

CHAPITRE PREMIER

ORIGINE HISTORIQUE ET FONDEMENT DE L'INCAPACITÉ DE LA FEMME MARIÉE.

§ Ier. — Origine historique.

2. On a reconnu depuis longtemps et avec raison que les idées romaines dont nos jurisconsultes et nos

législateurs surent tirer si bon profit en tant de matières n'avaient jamais prévalu dans l'esprit des uns ni des autres quand il s'était agi de l'organisation de la famille et en particulier des rapports juridiques à établir entre la femme et son mari. Le droit romain avait organisé sévèrement la puissance paternelle, tandis qu'il ne contenait pour ainsi dire aucune disposition relative à la puissance maritale avec laquelle la *manus* de l'ancien droit n'a pour ainsi dire rien de commun. (Loi 6, *de Revoc.; donat.* C. VII, 56. Loi 8 *de Pact. convent* C. V, 14.) Au contraire notre droit français, aussi bien dans les coutumes que dans le Code Napoléon, a singulièrement relâché les principes de la puissance paternelle tandis qu'il organisait plus fortement la puissance maritale. C'est, non plus dans le droit romain, mais dans le droit germanique qu'ont été puisés les principes relatifs à ces matières, et il serait facile de les y retrouver si cela n'excédait les limites que je me suis imposées. Je veux dire seulement comment ces principes étaient entendus et appliqués dans les pays coutumiers, en ne m'arrêtant qu'aux questions les plus importantes de la matière et aux principales solutions qu'elles avaient reçues.

3. Je ne parle que des pays coutumiers, parce que le droit romain était resté applicable dans tous les pays de droit écrit, sauf ceux qui ressortissaient au parlement de Paris, et que par conséquent l'autorisation maritale n'y était jamais exigée.

4. La première question qui se posait sur la matière,

celle de savoir sur quels motifs se fondait la nécessité de l'autorisation maritale était aussi l'une des plus controversées.

5. Rebuffe, Pantanus, Laféron, Guillaume, Bouvot, Peckins, Chasseneux, Tiraqueau, Bugnyon, et Todemburg n'assignaient, d'après Merlin, d'autre fondement à l'incapacité des femmes mariées, que leur inexpérience et la faiblesse de leur sexe [1].

6. D'autres au contraire, et parmi eux Merlin cite encore Pothier, D'Aguesseau, Coquille, Dargentré, Ricard, Despringles, Leprêtre et Legrand, ne tenaient aucun compte de cette considération et ne voyaient dans la nécessité de l'autorisation maritale qu'une conséquence nécessaire et logique de la puissance du mari sur la femme et de l'obéissance que celle-ci lui doit en toute circonstance [2].

7. Lebrun avait adopté à la fois les deux opinions que je viens d'indiquer ; il pensait que l'autorisation était nécessaire à la femme, et pour satisfaire au droit du mari, et pour subvenir à sa propre faiblesse [3]. Ce sentiment semblait d'ailleurs justifié par la rédaction suivie dans certaines coutumes, notamment dans celle de Paris, article 225 ; dans celle de Sens, art. 111 ; dans celle d'Auxerre, art. 221.

8. Enfin certains auteurs, parmi lesquels le prési-

[1] Merlin, *Rép.* V°, *Autorisation maritale*, section II, t. I. p. 490.
[2] Merlin, *loc. cit.*
[3] Lebrun, *De la Communauté*, liv. II, ch. I, sec. I, n° I

dent Bouhier[1], faisant une part trop large peut-être au souvenir du sénatus-consulte Velléien, trouvaient que la question de bienséance et d'honnêteté publique, avait été surtout prise en considération.

9. Qu'il y ait du bon dans chacune de ces théories, il serait difficile de le contester; que chacune d'elles soit plus ou moins nécessaire pour rendre compte des dispositions pratiques des coutumes auxquelles elle se refère, cela est possible; ce qui me parait difficile, c'est de justifier, même en les réunissant toutes, y compris celle du président Bouhier, certaines dispositions exagérées de quelques-unes de nos coutumes dans lesquelles l'incapacité de la femme mariée s'étendait jusqu'au testament pour lequel il lui fallait l'autorisation maritale.

10. Dans ces coutumes dont on trouve un certain nombre [2], les législateurs s'étaient laissé entraîner, selon moi, par des considérations que je me contente de soupçonner, à un excès de pouvoir tout à fait injustifiable.

11. Un autre point non moins controversé, le seul dont je veuille dire encore quelques mots, était celui de savoir quelles conditions devait remplir l'autorisa-

[1] *Observations sur la coutume du duché de Bourgogne*, chap. XIX, nos 16 et suiv.

[2] Coutumes générales : Du duché de Bourgogne, ch. IV, art. 1 ; de Normandie, art. 418 ; de Bretagne, art. 619 ; de Nivernais, ch. XXIII, art. 1 ; de Bourbonnais, art. 216, et d'Artois, art. 86. — Coutumes locales : de Lille, Cambrai, Douai, Cassel, Liége, Saint-Quentin, Clermont-en Argonne, Bar-le-Duc et Epinal.

tion maritale ; si elle pouvait résulter d'un simple consentement, même tacite, ou si au contraire elle devait être expresse, solennelle, presque sacramentelle. L'opinion à peu près unanime des jurisconsultes, c'est que l'autorisation devait être expresse. Du reste, les uns étaient exigeants et formalistes, les autres l'étaient moins, et si l'on se reporte aux textes tout à fait divers des différentes coutumes, on finit par convenir que tous pouvaient avoir raison.

12. Les deux coutumes qui nous intéressent le plus, celle de Paris, art. 223, et celle d'Orléans, art. 194, exigeaient pour habiliter la femme l'*autorité* et le *consentement* du mari.

On avait interprété ces mots en ce sens que l'autorisation, qui pouvait n'être que tacite quant aux actes judiciaires, devait être au contraire expresse et solennelle quand il s'agissait d'actes extrajudiciaires. Il n'y avait point alors de concours de circonstances qui pût suppléer cette autorisation expresse ; « l'autorisation n'était constituée, comme dit Ferrière, que par une approbation formelle, qui marque que c'est par l'avis et le conseil du mari que la femme agit, et mention doit en être faite dans l'acte par le mot d'autoriser à peine de nullité. » Et Pothier ajoute : « Ce terme *autoriser* est comme sacramentel, et je ne trouve que celui de *habiliter* qui peut passer pour équipollent[1]. »

[1] Ferrière, *Dictionnaire de droit et pratique*, v° *Autorisation du mari en pays coutumiers*. — Pothier, *Puissance du mari*, n° 6. *Introduction au titre X de la coutume d'Orléans*, n° 115.

13. J'ai dit qu'au contraire, l'autorisation pouvait n'être que tacite pour ce qui concernait les actes judiciaires. Cela peut paraître singulier au premier abord, car il semble que les conditions de l'autorisation doivent être d'autant plus sévères, que les actes pour lesquels il s'agit d'habiliter la femme sont plus graves. Mais Ferrière nous rend très-bien compte en ces termes de la différence : « La raison, nous dit-il, provient de l'autorité des jugements et de ce qu'on présume que tout s'y passe sans fraude et sans surprise, le juge ne devant avoir pour guides que la raison et la loi ; mais dans les choses qui se passent hors jugement, il pourrait y avoir beaucoup de surprises, c'est pourquoi il faut y apporter plus de précaution : ainsi la faveur de la femme et de ses biens pour la conservation desquels le public doit s'intéresser, requiert une autorisation expresse. » Telle était la jurisprudence à laquelle avaient donné lieu les expressions que j'ai indiquées (autorité et consentement), employées par les coutumes de Paris et d'Orléans.

14. Dans d'autres coutumes on ne trouvait qu'un seul de ces deux mots, celui d'*autorité* : dans les coutumes d'Auxerre (art. 221) et de Troyes ; (art. 159) celui de *consentement* dans les coutumes de Sens (art. 111), de Bar-le-Duc (art. 170) et de la Marche; (art. 298) un seul mot aussi, celui de *permission*, se trouvait dans la coutume de Normandie (art. 418); au mot *autorité* la coutume de la Rochelle avait joint le mot de *permission*, et d'autres coutumes, telles que celles du duché

et du comté de Bourgogne, celui de *licence*. La coutume de Cambrai, au titre des droits appartenant à gens mariés (art. 2 et 3), parlait de *su*, *autorité* et *consentement*; enfin on trouvait les mots *gré*, *autorité* et *consentement* dans la plus expressive de toutes, celle d'Artois (art. 86).

§ II. — Fondement de l'incapacité de la femme mariée.

15. M. Demolombe, qui à partir de ce moment va devenir mon guide le plus précieux et le plus sûr, commence ainsi le chapitre qu'il consacre au fondement de l'autorisation maritale : « Ce premier point est capital et tout le reste en dépend, du moins la solution des difficultés les plus graves y est-elle subordonnée. » J'ai dit quelques mots des controverses que cette question soulevait dans l'ancien droit ; ces controverses n'ont pas cessé, les même systèmes, ou à peu près, se retrouvent en présence sous l'empire du code Napoléon, et j'avoue même qu'il ne m'a pas paru aisé de faire un choix entre eux. Ces systèmes peuvent se réduire à trois, que je vais exposer en peu de mots, en même temps que mon sentiment sur leur valeur juridique.

16. Dans un premier système, on soutient que la puissance maritale est le seul motif sur lequel repose la nécessité de l'autorisation [1]. Il est facile de deviner

[1] Delvincourt, t. I, p. 75; Toullier, t. II, n° 615; Merlin, *Quest. de droit*, t. IX, v° *Puissance maritale*, § 1; Dalloz, *Jurisprudence générale*, *Recueil alphabétique*, v° *Mariage*, t. X, p. 149, n° 2.

sur quels arguments on fonde cette théorie. On fait remarquer que d'après le Code civil la femme majeure, si elle est fille ou veuve, jouit d'une capacité complète relativement à tous les actes de la vie civile, cela n'est pas contestable en présence des articles 388, 448, 390, 507 C. N. Mais dans l'intérêt du bon ordre et de la prospérité du ménage le législateur a voulu que la femme fût sous la dépendance du mari. Or, cette dépendance ne serait qu'un vain mot si la femme demeurait capable, comme auparavant, et par conséquent libre de contracter à son gré : « Les bonnes mœurs, disait le président Bouhier, et l'honnêteté publique ne permettent pas à la femme d'avoir communication d'affaires avec autrui, sans le su et le congé de son mari, pour éviter suspicion [1]. » Sauf une seule exception qui résulte du principe de l'inaliénabilité de l'immeuble dotal, dès que le mari autorise sa femme, elle recouvre sa capacité pleine et entière ; c'est donc qu'il n'y a pas ici d'autre intérêt à respecter que celui de la puissance maritale.

17. Ces considérations ne manquent pas de valeur, mais elles sont impuissantes à expliquer bien des points. Et d'abord le mari mineur ne peut pas autoriser sa femme (art. 224), et cependant il a le droit de puissance maritale ; sa femme lui doit le même respect que s'il était plus âgé, et en fait, il est tout aussi jaloux que pourrait l'être un majeur des prérogatives

[1] *Observations sur la coutume du duché de Bourgogne*, chap. XIX, n° 16-51.

que lui confère sa situation. Aussi Pothier avait-il sur ce point une théorie logique que les partisans de ce premier système ont dû sacrifier en présence du texte de la loi. « Le mari, disait-il, quoique mineur, a le pouvoir d'autoriser sa femme, soit qu'elle soit mineure, soit qu'elle soit majeure, ce pouvoir étant un effet et une dépendance de la puissance qu'il a sur elle[1]. »

18. En second lieu, la puissance maritale ne cesse-t-elle pas lorsque le mari est condamné à une peine afflictive et infamante? La femme ne devrait plus alors avoir besoin d'autorisation, et cependant si les partisans du système ci-dessus n'ont pas oublié l'art. 221, ils doivent savoir que cette autorisation continue d'être nécessaire. C'est le juge qui est chargé de la donner. Enfin, l'art. 225 devrait encore les faire réfléchir : pourquoi, si l'intérêt de la puissance maritale est le seul à satisfaire, pourquoi permettre à la femme de demander la nullité de l'acte par elle fait sans autorisation, alors que le mari ne réclame pas, lui, le dépositaire et le gardien de cette puissance? Pour moi ces considérations m'émeuvent et me font rejeter formellement le système auquel je viens de les opposer.

19. D'après un second système, l'incapacité de la femme mariée serait fondée, comme dans le précédent, sur la puissance maritale, et, de plus, sur la

[1] *De la puissance du mari*, n° 29.

sollicitude du législateur pour les intérêts matrimoniaux, c'est-à-dire pour les intérêts collectifs des époux[1]. Ce système, je me hâte de le dire, est celui qu'il faut admettre selon moi, parce qu'il est le plus conforme à l'esprit de la loi et qu'il en explique le mieux toutes les dispositions. En effet, si l'on voit à côté du droit du mari un devoir à lui imposé de veiller, en sa qualité de chef du ménage, à la conservation et à la prospérité des biens de la famille, on comprendra parfaitement pourquoi le mari mineur ne peut pas autoriser sa femme ; la loi ne l'a point permis, parce qu'elle ne lui reconnaît pas encore l'expérience suffisante pour lui confier la garde d'intérêts aussi graves. — Pourquoi la puissance maritale ayant cessé accidentellement, l'autorisation n'en demeure pas moins indispensable ; la perte des droits du mari ne fait pas que les intérêts matrimoniaux soient moins dignes de protection ? — Pourquoi enfin la femme peut invoquer la nullité résultant du défaut d'autorisation, car ces intérêts sont ceux de la femme elle-même qui peut ainsi se prévaloir de ce qu'il lui aura manqué telle ou telle garantie.

20. Je viens d'écarter implicitement, avant même de l'avoir mentionné, un troisième système que je crois inadmissible, bien qu'il puisse, à la rigueur, expliquer comme le second, un grand nombre des dispositions de la loi. Ce système, qui compte pour

[1] MM. Aubry et Rau, *sur Zachariæ*, t. IV, § 472, texte et n. 5 ; M. Demolombe, t. IV, nos 115 et 117.

partisans des jurisconsultes remarquables, consiste à donner pour fondement à la nécessité de l'autorisation, outre la puissance maritale devant laquelle s'inclinent tous les systèmes, l'incapacité personnelle de la femme et son intérêt individuel[1]. Volontiers, je dirais avec M. Demolombe que si la loi était à faire, ce dernier motif pourrait être sous certains rapports accepté avec fruit par le législateur ; à mon avis, la théorie générale sur cette matière ne pourrait que gagner à ce que le droit de la femme à la protection du mari fût pris en considération tout comme le droit du mari à l'obéissance de la femme. Mais le législateur n'a montré nulle part une semblable préoccupation. Je ne puis croire avec M. Mourlon qu'il n'ait eu de confiance que dans la femme majeure qui ne se marie point, « estimant elle-même qu'elle est assez forte, assez expérimentée pour se passer d'un protecteur, » et qu'il ait cru à ce brevet d'incapacité que se donne elle-même celle qui se marie, « marquant par là même, continue toujours M. Mourlon, qu'elle ne se sent ni assez forte ni assez expérimentée pour se charger seule du maniement de ses affaires. » La meilleure considération à faire valoir ici, est fort bien énoncée par M. Demolombe quand il dit : « Lorsque la femme est mariée, lorsqu'il y a là près d'elle un tuteur naturel et tout trouvé, eh bien! je dis qu'il

[1] Proudhon, *Traité sur l'état des personnes*, t. I, p. 455; M. Valette, *Explication sommaire du livre 1er du Code Napoléon*, p. 119; M. Mourlon, *Répétitions écrites*, t. I, p. 387 et suiv.

était sage d'en profiter.... » Mais on n'y a même pas songé et tout autre a été le point de départ des rédacteurs du Code Napoléon.

CHAPITRE II

DES ACTES AUXQUELS S'APPLIQUE L'INCAPACITÉ DE LA FEMME MARIÉE.

21. Je parlerai dans deux sections différentes : 1° des actes judiciaires, et 2° des actes extra-judiciaires; mais je dois dire auparavant quelques mots sur le moment à partir duquel l'autorisation maritale devient nécessaire, sur celui où elle cesse de l'être et sur la question de savoir si elle est ou non dépendante du régime sous lequel les époux sont mariés.

22. A cette dernière question la réponse est fort simple : l'incapacité de la femme mariée est indépendante des différents régimes matrimoniaux sous lesquels les époux peuvent se trouver placés, soit en vertu de leur contrat de mariage, soit pour n'avoir point fait de contrat; dans tous les cas, l'autorisation est indispensable à la femme pour un grand nombre d'actes; les conventions matrimoniales peuvent cependant, sans jamais détruire le principe de l'incapacité, en restreindre quelque peu l'étendue, comme j'aurai occasion de le voir plus loin.

23. L'incapacité de la femme mariée est une conséquence immédiate du mariage; elle commence

donc à partir de sa célébration ; elle ne peut exister auparavant, comme le disait fort bien Pothier, l'effet ne devant pas précéder la cause. Il est piquant de rappeler à ce propos que certaines coutumes ne s'étaient point trouvées sans doute de cet avis : celle d'Artois notamment qui assujettissait la femme à l'autorisation dès le jour des fiançailles (art. 87.) ; et Dumoulin, qui avait coutume d'appeler les choses par leur nom, qualifiait ainsi cette disposition : « Hoc ineptum cum possit majus scilicet discedere a sponsalibus.[1] »

24. Cette incapacité de la femme mariée qui commence avec le mariage ne cesse que par sa dissolution ; elle existe pendant toute sa durée. La séparation de biens ne la fait point cesser, art. 215 et 217, et la séparation de corps n'est pas plus puissante. La femme séparée de corps est toujours mariée, et toute femme mariée est soumise à la nécessité de l'autorisation maritale. Certains auteurs regrettent ce résultat que d'autres trouvent très-logique et très-sage, puisque l'incapacité de la femme séparée de corps n'est pas inconciliable avec la séparation de corps elle-même[2].

[1] Pothier, *De la puissance du mari*, n° 8.

[2] Cass. 13 nov. 1844, Sirey, 1845, 1, 45. Aubry et Rau, *sur Zach.*, t. IV, § 472, n° 4 ; Demolombe, t. IV, n° 119.

25. La première incapacité dont le législateur ait frappé la femme mariée est celle qui concerne les actes judiciaires. Elle est ainsi exprimée dans l'article 215 : « La femme ne peut ester en jugement sans l'autorisation de son mari, quand même elle serait marchande publique, ou non commune, ou séparée de biens. »

26. Qu'est-ce donc qu'ester en jugement? Cette expression, assez singulière au premier abord, n'est que la traduction littérale de la locution latine *stare in judicio*, à condition toutefois que l'on donne au mot *jugement*, non point le sens de *sententia* qui lui revient d'ordinaire, mais celui de *judicium* qui, dans la langue du droit romain, veut dire seulement *instance* et non *jugement*. C'est ce que fait judicieusement remarquer M. Demolombe.

27. L'autorisation maritale est nécessaire à la femme : 1° devant toute juridiction ; 2° à tous les degrés d'instance ; 3° quels que soient l'objet et la nature de la contestation ; 4° quel que soit le rôle de la femme et quel que soit son adversaire ; 5° sous quelque régime qu'elle soit mariée et fût-elle même marchande publique ; 6° à quelque époque que le procès se soit trouvé lié.

C'est ainsi qu'il faut entendre la règle générale et absolue posée par l'article 215, du moins pour les matières civiles. En matière criminelle, correctionnelle ou de police, cette règle souffre une exception indiquée par l'article 216.

28. Reprenons maintenant chacun des points que je viens d'indiquer.

I. L'autorisation est nécessaire à la femme devant toutes les juridictions, c'est-à-dire qu'elle se présente devant un tribunal de l'ordre judiciaire ou devant un tribunal de l'ordre administratif. Elle en a même besoin pour comparaître au bureau de paix, ne s'agit-il que d'actions possessoires, car c'est là ester en jugement.

La femme non autorisée ne peut même point paraître en conciliation, parce que le préliminaire de conciliation est le commencement obligé de tout procès en matière civile[1].

29. II. La femme doit être autorisée pour chaque degré d'instance, c'est-à-dire que si elle a plaidé en première instance, elle est incapable d'appeler sans autorisation ; que si elle a interjeté appel, il faut qu'elle soit autorisée pour se pourvoir en cassation[2]. Quant à la question de savoir si l'autorisation donnée pour le premier degré est valable pour le second, elle reviendra en son lieu.

30. III. L'autorisation maritale est requise, quels que soient l'objet et la nature de la contestation,

[1] Cass. 5 mai 1808. Aubry et Rau, *sur Zach.*, IV, §. 472; Demol., IV. nos 128 et 129.

[2] Demol, no 130.

quand même le litige porterait sur des actes que par exception la femme était capable de passer sans autorisation.

51. Ainsi l'autorisation maritale est nécessaire à la femme pour répondre à une demande en interdiction, ou en nomination d'un conseil judiciaire dirigée contre elle. C'est là ester en jugement en qualité de défenderesse et l'article 215 est formel. Je suppose ici la demande en interdiction formée par les parents de la femme, car si elle était formée par le mari lui-même, elle vaudrait nécessairement pour la femme autorisation d'y défendre [1].

52. A l'inverse, la femme, si elle n'y est valablement autorisée, ne peut poursuivre l'interdiction de son mari. Le doute pouvait naître ici de ce qu'aux termes de l'article 490, la femme est spécialement désignée comme personne recevable à provoquer cette interdiction. Par cela même, pourrait-on dire, que la loi accorde une action à la femme, elle l'autorise suffisamment à l'exercer. En effet, cet argument pourrait être décisif si l'article 215 était conçu en termes moins absolus; mais en présence de cet article il faut maintenir la nécessité de l'autorisation, nécessité qui peut être fort utile d'ailleurs en prévenant une poursuite téméraire ou intempestive [2].

[1] Cass. 9 janv. 1822. Merlin, *Rep.*, t. 16, v° *Autor. marit.*, sect. VII, n° 18 bis. Aubry et Rau, t. IV, § 472. 2°, Demol., IV, n° 125.

[2] Rouen, 16 floréal an XIII; Toulouse, 8 févr. 1825; Merlin, *Rép.*, v° *Autoris. marit.*, sect. VII, § 16; Demol., t. IV, n° 126.

On ajoute qu'il est bien difficile d'exiger en pareil cas l'autorisation maritale, cela serait surtout vrai si le mari seul la pouvait donner, mais elle peut être accordée, et elle le sera le plus souvent dans l'espèce par la justice; d'ailleurs si le mari lui-même autorisait sa femme, je crois que son autorisation serait parfaitement valable. Cela n'est point douteux dans l'opinion des auteurs qui admettent une personne à provoquer elle-même sa propre interdiction, et je ne vois pas sur quels motifs pourraient s'appuyer les autres pour invalider une semblable autorisation.

33. La femme ne peut même être dispensée d'obtenir l'autorisation maritale, pour demander la nullité de son propre mariage. Cela parait bizarre au premier abord. Comment, la femme qui veut prouver qu'elle n'est point mariée, sera forcée d'agir comme si elle l'était! Elle ne le pourra faire qu'après en avoir obtenu permission de son prétendu mari! Oui vraiment, et rien n'est plus logique, car il ne faut pas mettre l'effet avant la cause. Par cela même que la femme veut faire reconnaître en droit la nullité de son mariage, elle reconnait elle-même qu'il existe en fait, et cela suffit pour qu'il produise tous ses effets juridiques jusqu'au jour où cette nullité sera prononcée en justice. Je ne fais avec M. Demolombe qu'une seule concession au système contraire; elle est indiquée dans un arrêt de la Cour de cassation du 31 août 1824; c'est que si la nullité du mariage est opposée reconventionnellement et comme moyen de

défense pour la femme au mari qui a formé lui-même une demande en réintégration du domicile conjugal contre sa femme, celle-ci n'a point alors besoin d'autorisation. Cela tient à ce principe déjà signalé que le mari qui intente une action contre sa femme l'autorise par cela même à se défendre par tous moyens et même par des demandes reconventionnelles. La jurisprudence de la Cour de cassation est d'ailleurs conforme à ma doctrine[1].

34. Enfin la femme ne peut former une demande en séparation de corps ou en séparation de biens sans y avoir été préalablement autorisée non point par son mari, on comprend qu'il ne peut intervenir en pareil cas, mais par le juge (art. 878 et 865 du C. de Pr.). Quand je dis le juge, j'entends, non pas le tribunal entier à qui revient d'ordinaire le soin d'autoriser la femme à défaut du mari, mais seulement le président du tribunal, et ce magistrat ne peut point refuser à la femme l'autorisation qu'elle lui demande ; ce n'est là qu'une simple formalité[2]. J'admets ici pour la séparation de biens ce que la loi a expressément décidé en matière de séparation de corps[3].

35. IV. Dès lors que la femme figure comme partie dans un procès elle doit être autorisée à cet effet

[1] Cass. 21 janv. 1845, 10 févr. 1851, 19 mai 1858 ; Merlin, *Rép.* t. XVI, v° *Mariage*, sect. VI, § 2 ; Aubry et Rau, t. IV, § 472, 2° ; Demolombe, t. IV, n° 127.

[2] Valette sur Proudhon, t. I, p. 456, note A.

[3] Chauveau sur Carré, *les Lois de la procédure civile*, t. VI, *Quest.* 3430 quater.

qu'elle y figure, soit comme demanderesse, soit comme défenderesse et quel que soit son adversaire dans ce procès. L'autorisation est donc nécessaire à la femme lors même qu'elle plaide contre son mari, ainsi que j'ai eu occasion de l'indiquer déjà ; il est bien entendu d'ailleurs que si la femme est alors défenderesse, l'autorisation dont elle a besoin est implicitement contenue dans la demande formée contre elle[1].

36. V. Sous quelque régime que la femme soit mariée, et lors même qu'elle serait marchande publique, elle ne peut ester en justice sans autorisation. L'article 215 a soin de dire que la règle qu'il introduit s'applique à la femme non commune, ce qui va de soi, et aussi à la femme séparée de biens, ce qui était plus utile à dire. En effet l'ancien droit reconnaissait à la femme séparée de biens le droit d'ester en justice sans autorisation, et Pothier considérant ce droit comme une suite du pouvoir d'administrer qui lui était conféré, trouvait fort rationnel qu'on le lui accordât[2]. On aurait pu faire aujourd'hui le même raisonnement en présence de l'article 1449 du Code Napoléon.

37. Quelques coutumes, parmi lesquelles on peut citer celles de Dourdan (tit. VI, art. 80) et de Mantes (art. 125), accordaient aussi le droit d'ester en juge-

[1] Toulouse, 8 févr. 1825; Aix, 27 août 1827; Grenoble, 21 févr. 1855; Merlin, *Rép.*, t. XVI, v° *Autorisation maritale*, sect. VII, n° 16; Demolombe, t. IV, n° 138.

[2] *Puiss. du mari*, n° 62.

ment à la femme marchande publique pour ce qui concernait son négoce. Pothier ne les approuvait pas, parce que, disait-il, la femme marchande publique exerce son commerce pour le compte de la communauté[1]. L'article 215 n'a admis d'exception ni pour l'un ni pour l'autre cas et il a bien fait; administrer ses biens ou faire le commerce sont choses qu'on peut dans certains cas permettre à la femme avantageusement, mais plaider est chose toute différente. Au point de vue moral aussi bien qu'au point de vue pécuniaire, il importe que la femme ne puisse le faire qu'au su de son mari et après avoir obtenu de lui une autorisation qu'il pourra être fort bon parfois de lui refuser[2].

38. VI. La femme ne peut plaider sans autorisation, à quelque époque que l'instance ait été engagée. Si donc il s'agit d'un procès lié antérieurement au mariage, la femme ne peut plus procéder ultérieurement sans y être autorisée, à moins que la cause ne se trouve en état au moment du mariage (art. 342 et suiv. du C. de Pr.), auquel cas le jugement n'en pourra être différé.

39. Conformément à ce que j'ai dit au n° 29, si au moment du mariage un jugement ou un arrêt a été rendu pour ou contre la femme, celle-ci ne peut plus sans autorisation ni interjeter appel, ni se pourvoir en

[1] Pothier, *loc. cit.*

[2] M. Demolombe, t. IV, n° 137.

cassation, ni défendre à l'appel ou au pourvoi interjeté contre elle[1].

40. Il est bon de faire remarquer que dans tous les cas, le changement d'état de la fille ou veuve qui se marie et n'est point autorisée n'empêchera pas la continuation des procédures contre elle, tant que son mariage ne sera pas notifié à la partie adverse (art. 345 du C. de Pr.)[2]. Il faut supposer, bien entendu, que le procès est pendant devant une juridiction quelconque; car si le mariage intervient après le jugement du tribunal de première instance, ou après l'arrêt de la Cour impériale, l'adversaire, quand même le mariage ne lui serait pas notifié, ne peut valablement plaider sur l'appel ou le pourvoi en cassation contre la femme que si elle est régulièrement autorisée. En effet, il ne s'agit plus ici de continuer une procédure, mais de commencer une nouvelle instance, et il n'y a plus lieu, par conséquent, d'appliquer l'article 345 du Code de procédure.

41. J'ai dit que l'incapacité générale de la femme, à l'effet d'ester en jugement, souffrait une exception, qui est indiquée en ces termes par l'article 216 : « L'autorisation du mari n'est pas nécessaire lorsque la femme est poursuivie en matière criminelle ou de police. » Ainsi tout d'abord la femme poursuivante en ces matières est soumise à la règle générale : c'est ce qu'admettaient déjà la plupart des coutumes, et Po-

[1] Cass. 7 août 1815, 5 mai 1834, 25 nov. 1836, 30 mars 1841.
[2] *Req. rej.*, 10 déc. 1812.

thier et Vaslin parmi les anciens auteurs ; ce dernier en donnait fort bien la raison, quand il disait : « Lorsqu'une femme est accusée, qu'elle soit innocente ou coupable, il est naturel qu'elle ait le droit de se défendre. Au lieu que lorsqu'elle se plaint, il n'est pas sûr qu'elle ait raison. Il convient donc pour agir qu'elle soit autorisée de son mari ou de la Justice[1]. » Cependant la coutume d'Orléans, par exemple, permettait aux femmes de poursuivre sans autorisation en matière de grand et de petit criminel, et la coutume de Paris se trouvant muette sur ce point, la jurisprudence avait suivi la décision de la coutume d'Orléans. L'article 216 tranche la question tout différemment[2]. Quant à la femme défenderesse, elle peut, aux termes de l'article 216, plaider sans autorisation dans les matières indiquées par cet article ; c'est là une exception dont j'aurai plus tard à apprécier l'étendue lorsque je parlerai de la capacité que la femme conserve toujours malgré le mariage.

42. En vertu d'une autre exception, la femme est admise à présenter sans autorisation la requête préalable à une demande de séparation de corps ou de biens qu'elle se propose de former (art. 865, 875, et 878 du C. de Pr.). C'est un point sur lequel j'aurai aussi l'occasion de revenir.

[1] Vaslin, *sur la Rochelle*, art. 22, n° 45.

[2] Cass. 1er juil. 1808 ; Merlin, *Rép.* v° *Autorisation maritale*, § 7, n° 18 ; Dalloz, v° *Mariage*, t. X, p. 130, n° 11 ; Demolombe, t. IV, n° 110 ; Marcadé, sur l'art. 216.

SECTION II. — DES ACTES EXTRAJUDICIAIRES.

43. Le principe de l'incapacité de la femme mariée en matière d'actes extrajudiciaires est contenu dans l'article 217. « La femme, même non commune ou séparée de biens, ne peut donner, aliéner, hypothéquer, acquérir à titre gratuit ou onéreux, sans le concours du mari dans l'acte ou son consentement par écrit. » On voit que ce principe n'est pas moins absolu que celui de l'article 215 pour les actes judiciaires. Cependant, l'incapacité dont il s'agit souffre ici certaines restrictions, à raison du régime matrimonial sous lequel se trouvent les époux. Dans le cas de séparation de biens conventionnelle ou judiciaire, de même que sous le régime dotal, la femme jouit sous certains rapports d'une capacité plus étendue que celle qui lui est accordée sous les autres régimes; c'est pourquoi l'on peut dire avec raison que l'article 1124 est plus exact que l'article 217, quand il annonce que les incapables de contracter sont : « les femmes mariées *dans les cas exprimés par la loi.* »

Je vais reprendre successivement les diverses incapacités indiquées par l'article 217, et rechercher, pour chacune d'elles, son étendue et la mesure dans laquelle elle s'applique à la femme séparée de biens. Ainsi je traiterai dans quatre paragraphes : 1° de l'incapacité d'aliéner, dans laquelle est comprise celle de donner ; 2° de l'incapacité d'hypothéquer ; 3° de celle d'acquérir ; 4° et enfin de celle de s'obliger, comprise implicitement dans l'article 217 et expressément dans les articles 220, 221, 222 et 224 du Code Napoléon.

§ Ier. — De l'incapacité d'aliéner.

44. La femme mariée ne peut, sans autorisation, faire aucune aliénation à titre gratuit ou onéreux, soit de meubles, soit d'immeubles. Occupons-nous d'abord des aliénations à titre gratuit, ou donations.

45. I. La femme mariée est absolument incapable de faire, sans autorisation, aucune donation entre vifs. (Nous verrons plus tard qu'elle est au contraire parfaitement capable de tester sans autorisation, article 226.) Cette incapacité s'applique aux donations de meubles comme aux donations d'immeubles ; elle frappe toute femme, fût-elle séparée de biens ou mariée sous le régime dotal avec des paraphernaux. Cela n'est ni contesté ni contestable quant aux donations d'immeubles, et il est facile de réfuter l'opinion contraire émise par certains auteurs quant aux donations de meubles [1]. Le seul argument qu'on puisse proposer en faveur de cette opinion est tiré de l'article 1449, 2e alinéa, lequel dit de la femme séparée de biens : « Elle peut disposer de son mobilier et l'aliéner ; » mais cet argument tombe de lui-même en présence des termes formels de l'article 217 et de l'article 905. De la lecture seule de ces deux articles il résulte, à

[1] Delvincourt, t. II, p. 58, n° 16.

n'en pas douter, que le législateur, à l'article 1449, 2e alinéa, n'a pas entendu le mot *aliéner* dans le sens générique, *rem alienam facere*, mais qu'il lui a donné une signification plus étroite, qu'il l'a pris comme synonyme du mot *vendre*, comme on prend parfois le mot *acquérir* comme synonyme du mot *acheter*. On n'en saurait douter si l'on réfléchit que le droit de disposer de son mobilier n'est accordé à la femme séparée de biens que comme une conséquence de la libre administration de ses biens qui lui est concédée et qui, sans cela, deviendrait un non-sens. Or, personne n'a jamais soutenu que donner fût administrer[1]. Quand je dis que personne ne l'a soutenu, je fais erreur, car M. Troplong s'exprime ainsi dans son *Traité des donations*, t. II, n° 594 : « La femme, dit-il, peut donner des portions de ses revenus, sans l'autorisation maritale, pourvu que ce soient des dons modiques, *ne dépassant pas le cercle de l'administration.* » Il y a là une réunion de mots qui me semble choquante, parce qu'une donation, fût-elle prise sur les revenus et si modique qu'elle puisse être, ne constitue jamais un acte d'administration. Ainsi, la Cour de Paris a eu tort de décider, par un arrêt qui donne raison d'ailleurs à la doctrine ci-dessus exposée, que la femme séparée de biens peut sans autorisation donner une portion de ses revenus à mesure qu'elle les touche et avant qu'ils soient suffisamment

[1] Aubry et Rau, t. V, § 648, n° 19; Demol., IV, n° 150; Paris, 28 juin 1851.

accumulés pour former un capital entre ses mains. Tout ce qu'on peut admettre, c'est que la femme a le droit de faire seule ces cadeaux ou présents de peu d'importance qui se prennent sur les revenus, et qui, vu les usages ou les convenances, sont parfois des dépenses obligées : ce sont les mêmes cadeaux et présents d'usage, dont la loi parle à l'article 852, pour les dispenser du rapport.

46. A l'incapacité pour la femme mariée de faire une donation entre-vifs se rattache, comme conséquence celle de faire une institution contractuelle. En effet, il est généralement admis que, pour faire une institution de ce genre, il ne suffit pas d'être habile à tester, mais il faut avoir la même capacité que celle qui est exigée pour faire une donation entre-vifs ordinaire [1]. Ce serait donc à tort que, suivant les expressions de MM. Aubry et Rau, on étendrait aux institutions contractuelles l'exception que les articles 226 et 905 établissent pour les testaments à la règle générale de l'autorisation maritale. Mais c'est à tort aussi que ces auteurs signalent Grenier comme s'étant rendu capable de cette extension. Il suffit de le lire attentivement, pour se convaincre, qu'au contraire il est complétement de leur avis.

47. II. La femme mariée est absolument incapable d'aliéner ses immeubles, même à titre onéreux et sans qu'il soit besoin de distinguer à quel régime

[1] Aubry et Rau, t. VI, § 739, n° 16; Troplong, *Donat.*, t. IV, n° 2368 et 2371. Grenier, *Donat.*, t. II, n° 431.

elle est soumise. L'article 1538 ne laisse aucun doute à cet égard : « Dans aucun cas, y est-il dit, ni à la faveur d'aucune stipulation, la femme ne peut aliéner ses immeubles sans le consentement spécial de son mari ou, à son refus, sans être autorisée par justice. » Le mot *aliéner* doit être entendu ici dans le sens le plus général; il comprend la prohibition de vendre, d'échanger, de donner en payement, de constituer une servitude, de consentir un usufruit, et même d'après la Cour de cassation de donner à antichrèse l'usufruit d'un immeuble[1].

48. L'incapacité d'aliéner, dont il s'agit, s'appliquerait même aux immeubles achetés par la femme, soit avec des économies qu'elle aurait faites sur ses revenus, soit avec des bénéfices qu'elle aurait réalisés dans son commerce, tant sont formels les termes des articles 217 et 1538. C'est l'avis de M. Demolombe qui pourtant se pose à lui-même cette objection, que la femme avait le droit de disposer de ses économies ou de ses bénéfices et que si on lui enlève celui de disposer de ce qui en provient, elle sera pour les avoir bien employés, de pire condition que si elle les avait dissipés. Je ne suis pas plus que l'éminent jurisconsulte ébranlé par ce raisonnement, j'ai trouvé un appui trop solide en ces mots de l'article 1538 : *Dans aucun cas*, et je réponds en outre avec lui que ma théorie, loin d'encourager la prodigalité et la dissipation,

[1] Req., rej., 22 nov. 1841.

récompense au contraire l'esprit d'ordre en assurant des garanties de conservation à ce qu'il a produit. Il faut donc tenir pour abrogées les dispositions de certaines coutumes, par exemple de celle de Normandie, qui permettait autrefois à la femme séparée de biens d'aliéner sans autorisation les immeubles par elle acquis depuis sa séparation[1].

49. Les aliénations mobilières à titre onéreux sont aussi en général interdites aux femmes mariées non pourvues d'autorisation, mais ici la règle n'est plus inflexible; elle peut souffrir exception à raison du régime matrimonial adopté par les époux.

50. Je crois devoir placer ici quelques observations générales sur les divers régimes dans lesquels la loi a admis quelques restrictions à l'incapacité de la femme mariée. Je ferai remarquer d'abord que la rédaction de l'art. 217 comme celle de l'art. 215 est assez peu correcte. Elle est ainsi conçue : « La femme, *même* non commune ou séparée de biens........ » Or, la femme non commune n'a sous aucun rapport de pouvoir extraordinaire. Elle est donc nécessairement comprise dans la règle générale. Il en est autrement de femme séparée de biens à laquelle seule le mot *même* peut raisonnablement s'appliquer.

La seule capacité spéciale qui soit, en définitive, conférée à la femme par l'effet du régime sous lequel elle est mariée, est la capacité d'administrer ses biens

[1] Proudhon, t. II, p. 155; Demol., t. IV, n° 152. Voir en sens contr. Cass. 8 sept. 1814.

entièrement et librement. Cette capacité lui appartient en quatre circonstances : 1° dans la séparation de biens contractuelle (art. 1536), 2° dans la séparation de biens judiciaire (art. 1449), 3° dans le régime dotal en ce qui concerne les biens paraphernaux (art. 1576), 4° dans tous les autres régimes, quant aux biens dont elle s'est réservé l'administration par une clause du contrat de mariage.

51. Je ne crois pas qu'on doive faire aucune différence entre ces situations. En vain a-t-on voulu, s'appuyant sur une prétendue contradiction qui existerait entre l'article 217 et l'article 1449, appliqués, l'un à la femme séparée de biens par contrat, et l'autre à la femme séparée par jugement, établir une différence entre la situation de l'une et celle de l'autre [1]. Cette distinction a été généralement rejetée, et avec raison. Il est vrai de dire qu'il n'existe qu'une seule séparation de biens, de quelque cause qu'elle procède d'ailleurs, du contrat de mariage ou d'un jugement [2].

52. Ainsi, deux points sont à retenir : 1° ce qui est vrai de la femme séparée de biens l'est, en général, de toute femme à qui appartient l'administration de tout

[1] Vazeille, *du Mariage*, t. II, nos 315 et 316. — J'assimile à cette distinction celle que font MM. Rodière et Pont entre la femme séparée judiciairement d'une part, et la femme paraphernale de l'autre; *du Contr. de mar.*, t. II, nos 708, 710 et 788.

[2] Duranton, t. XV, 315; Dalloz, Alph., v° *Contrat de mariage*, t. X, p. 371, n° 3; Valette, *sur Proudhon*, t. I, p. 464; Rolland de Villargues, *Rép. du not.*, v° *Séparation de biens*, n° 9; Marcadé, sur l'art. 1449; Demolombe, t. IV, n° 148.

ou partie de ses biens; et 2° la femme séparée de biens ne doit avoir d'autres droits que ceux qui sont une conséquence du libre pouvoir d'administration qui lui est conféré par la loi. Ceci posé, je reviens à l'incapacité de la femme mariée de faire des aliénations mobilières à titre onéreux sans autorisation, et je vais examiner jusqu'à quel point y est soumise la femme séparée de biens.

53. Celle-ci peut, aux termes de l'article 1449, *disposer de son mobilier et l'aliéner*; de son mobilier corporel ou incorporel, car la loi ne distingue pas; elle peut, par conséquent, céder et transporter ses créances, comme elle peut vendre, aux conditions qui lui semblent bonnes, ses meubles proprement dits. Mais j'ajoute immédiatement que ce droit n'appartient à la femme que pour cause d'administration de ses biens, c'est-à-dire qu'il n'est entre ses mains qu'une conséquence et un moyen de ce droit d'administration. En effet, le pouvoir d'administrer, et surtout *d'administrer librement*, doit nécessairement entraîner avec lui un certain droit d'aliénation. Comment administrer si l'on ne peut vendre des récoltes, renouveler un mobilier en mauvais état, vendre à l'occasion, sous peine de les voir dépérir entre ses mains, des valeurs industrielles? L'article 217 devenait donc, jusqu'à un certain point, un contre-sens en présence du premier alinéa de l'article 1449. Aussi les rédacteurs du Code Napoléon y ont-ils ajouté le second comme corollaire et comme développement du premier. Ils ont entendu,

et avec raison, qu'un certain droit de disposer du mobilier fût compris dans la libre administration. Mais ils n'en ont pas moins maintenu dans leur esprit la règle générale de l'article 217, à laquelle ils sont formellement revenus dans le troisième alinéa en interdisant à la femme séparée de biens l'aliénation de ses immeubles. La raison en est qu'une pareille aliénation n'est jamais un acte d'administration, et alors, *cessante causa, cessat effectus*. Tirer du second alinéa de l'article 1449 la faculté illimitée pour la femme séparée de biens d'aliéner son mobilier, c'est, comme on l'a fort bien dit, ne tenir aucun compte ni de la place qu'il occupe dans la loi, ni de ce qui le précède, ni de ce qui le suit[1].

54. On pourrait objecter ici les inconvénients qui vont résulter pour les tiers de l'impossibilité où ils sont le plus souvent de vérifier les causes d'une aliénation mobilière faite à leur profit par la femme, car il ne faut pas se dissimuler que, en fait, il sera fort facile à cette dernière d'user largement et d'abuser de l'article 1449. Cet intérêt des tiers me touche profondément, du moins s'ils sont de bonne foi, et je ne doute point qu'alors les aliénations faites par la femme doivent être maintenues à leur égard; mais je n'en tiens pas moins fermement à la doctrine que j'ai établie, et, si les tiers ont su, ou pu savoir (parce que cela résultait de la nature même de l'acte) que la femme, en

[1] Paris, 12 mai 1859; Demolombe, t. IV, n° 155.

aliénant, dépassait les limites d'une libre administration, je ne doute pas davantage que l'aliénation doive être annulée. Les tribunaux ont un pouvoir discrétionnaire pour décider si les tiers ont été ou non de bonne foi[1].

§ II. — De l'incapacité d'hypothéquer.

55. On pourrait dire que l'incapacité d'hypothéquer est une conséquence de celle que nous venons de voir, l'incapacité d'aliéner. On lit, en effet, à l'article 2124 du Code Napoléon : « Les hypothèques conventionnelles ne peuvent être consenties que par ceux qui ont la capacité d'aliéner les immeubles qu'ils y soumettent. » Mais, sans chercher plus loin, l'article 217 défend formellement à la femme mariée, sous quelque régime que ce soit, d'hypothéquer ses immeubles sans autorisation.

56. Certains auteurs ont soutenu cependant qu'une femme jouissant de l'administration de tout ou partie de ses biens, et pouvant par conséquent contracter seule certaines obligations, avait aussi le droit de constituer seule hypothèque sur ses immeubles pour la garantie de ces mêmes obligations. C'est là une erreur. Autre chose est s'obliger, autre chose hypothéquer. Je n'admets pas que celui-là soit capable de consentir une hypothèque conventionnelle destinée à garantir une obligation, qui est cependant capable de consentir

[1] Demolombe, *loc. cit.*

l'obligation elle-même. Il faut, selon moi, pour hypothéquer une capacité toute spéciale. Le tuteur qui peut à coup sûr obliger le mineur pour cause d'administration est cependant incapable d'hypothéquer ses immeubles (art. 2126). Le mineur émancipé ne peut hypothéquer ses immeubles pour garantie des obligations qu'il est capable de contracter. Et cela est rationnel, car il n'est pas vrai de dire que l'hypothèque ne nuise pas au débiteur, mais seulement aux autres créanciers. Le crédit du débiteur en souffre profondément et le crédit public est par là même atteint. Le législateur a bien fait de ne pas conférer le droit d'hypothéquer aux personnes à qui il a cru pouvoir sans inconvénient concéder celui d'administrer[1].

57. Je ne parle point ici, pas plus que je ne l'ai fait à propos de l'incapacité d'aliéner, de la disposition particulière de l'article 7 du Code de commerce, parce qu'il n'en résulte aucune exception aux règles que je viens de poser. Cet article ne rend pas la femme commerçante capable d'aliéner ni d'hypothéquer sans autorisation, mais il décide seulement qu'elle le peut faire sans une *autorisation spéciale* à cet effet. C'est ailleurs que je devrai m'en occuper.

[1] Proudhon et Valette, t. II, p. 455; Duvergier, *sur Toullier*, t. II, n° 1298; Demolombe, t. IV, n° 162. — Voir en sens contr., Toullier, *loc. cit.*; Duranton, t. III, n° 675; *Zachariæ*, t. I, p. 265.

§ III. — De l'incapacité d'acquérir.

58. La femme mariée est incapable d'acquérir, soit des meubles, soit des immeubles, à titre gratuit ou à titre onéreux, sans autorisation. (Art. 217.)

59. 1° Et d'abord la femme est incapable d'acquérir à titre gratuit, sans autorisation; il y en a deux raisons sur lesquelles il n'est pas besoin d'insister. La première, c'est qu'une acquisition du genre de celle que la loi appelle à titre gratuit peut entraîner après elle des charges plus ou moins graves et devenir, pour ainsi dire, en fait, une acquisition à titre onéreux. La seconde, c'est qu'il est à la fois moral et conforme à la dignité du mari que sa femme ne puisse recevoir aucune libéralité dont il ne connaisse la source et dont il n'ait approuvé les motifs.

De là il suit que la femme mariée ne peut pas valablement accepter une succession sans l'autorisation de son mari ou de justice (art. 776), qu'elle ne peut pas davantage accepter une donation entre-vifs (art. 934). Le législateur s'est plu à le répéter d'une manière superflue. L'article 217 suffisait à lui seul et il n'en faut pas d'autre pour défendre également à la femme l'acceptation des legs et des successions testamentaires dont la loi n'a point parlé spécialement.

L'incapacité d'acquérir à titre gratuit est de celles qui demeurent invariables sous quelque régime que la femme soit mariée. Elle en reste frappée malgré la séparation de biens et elle n'oserait à coup sûr se prévaloir de la séparation de corps pour s'en faire exempter. Je rappelle, mais à titre de souvenir seulement, car rien de semblable n'existe plus dans notre loi, que, d'après l'ordonnance de 1731, la femme mariée sous le régime dotal pouvait recevoir sans autorisation un bien qui lui serait donné pour lui tenir lieu de paraphernal.

60. 2° La femme mariée est également incapable d'acquérir à titre onéreux, soit des meubles, soit des immeubles. Qu'est-ce en effet qu'acquérir à titre onéreux ? C'est acquérir en échange d'un équivalent que l'on donne : or, pour donner un équivalent, il faudrait être capable d'aliéner ou de s'obliger, la femme ne l'est pas ; rien donc n'est plus logique que l'incapacité dont il s'agit. Ainsi, impossibilité complète d'acheter, d'échanger, de recevoir en payement sans autorisation.

61. Personne ne songe à contester ce point, du moins quant aux acquisitions d'immeubles ; mais ne voit-on pas tous les jours les femmes mariées faire de nombreuses acquisitions de meubles, acheter à chaque instant les provisions nécessaires à leur ménage ou les colifichets indispensables à leur toilette ? En effet, et les acquisitions de ce genre sont bien et dûment faites par la femme mariée ; elle les fait comme mandataire de son mari à raison d'un pouvoir qu'il est toujours censé lui avoir donné pour cela. Ce n'est donc pas elle qui acquiert, mais son mari, et ce n'est pas elle non plus, mais bien lui qui se trouve obligé. Quant aux questions qui peuvent s'élever sur

les limites de ce pouvoir et sur l'abus qu'en peut faire la femme, elles sont étrangères à mon sujet et je n'ai point par conséquent, à m'en occuper.

62. Malgré les termes généraux de l'article 217, et à la différence de l'incapacité d'acquérir à titre gratuit, l'incapacité d'acquérir à titre onéreux doit être restreinte en faveur de la femme séparée de biens. Il est vrai que la loi ne l'a dit nulle part, et quelques auteurs trouvent bien hardi qu'on se permette d'interpréter son silence en dérogeant à un principe qu'elle a formellement établi [1]. Cependant la plupart passent condamnation quant aux acquisitions de meubles, sans distinguer d'ailleurs entre les meubles corporels et les meubles incorporels, rentes sur l'État, actions de la Banque de France ou de Compagnies industrielles. Et ils y sont bien forcés, car l'acquisition de meubles à titre onéreux peut n'être après tout qu'un acte d'administration; il est même assez difficile de comprendre le droit d'administrer, sans celui de placer ses capitaux et de faire en général de son mobilier le meilleur emploi possible.

63. Mais comment en présence de l'article 217, aller jusqu'à permettre à la femme des acquisitions d'immeubles? L'argument est solide, je l'avoue, mais encore il n'empêche pas que l'article 1449 ne donne à la femme la libre administration de ses biens. Je veux bien respecter l'article 217, mais j'use de l'ar-

[1] Dalloz, *Recueil alph.*, v° *Contrat de mariage*, chap. II, sect. V, n° 7; Bellot des Minières, t. IV, p. 313.

ticle 1449 et je dis que, si l'acquisition d'immeubles de la part d'une femme séparée de biens a le caractère d'un acte d'administration, elle est parfaitement valable. Or, si la femme a acheté pour employer des capitaux actuellement disponibles ou des économies faites sur ses revenus, ou une créance qu'elle peut actuellement déléguer, je tiens qu'il y a de sa part un acte d'administration; elle n'excède donc pas ses pouvoirs, la preuve en est dans son intention et dans le but qu'elle s'est proposé. L'acquisition par elle faite sans autorisation doit donc être maintenue. Elle n'est en définitive que l'accessoire ou le moyen de l'emploi qui est l'opération principale. Que si, au contraire, la femme achète pour acheter, sans avoir de fonds disponibles pour cela, l'article 1449 doit faire place à l'article 217 qui reprend alors son empire.

Il est d'ailleurs fort difficile de soutenir que l'article 217 est inflexible pour les acquisitions d'immeubles quand on a commencé par admettre les acquisitions de meubles, et j'ai montré qu'il était impossible de les interdire à la femme. On objecte que l'acquisition d'un immeuble est chose bien plus grave que l'acquisition d'un meuble, cela est possible; mais c'est aussi en général et surtout c'est dans l'esprit des rédacteurs du Code Napoléon, chose bien plus avantageuse. Autant on comprend facilement que la femme ne puisse convertir ses immeubles en capitaux sans autorisation, autant on s'expliquerait avec peine que le Code dont la prédilection pour les immeubles s'affiche à tout propos, lui défendît, à l'inverse, de convertir ses capitaux en immeubles. On accorde bien au mineur émancipé le droit d'acheter seul un immeuble avec le produit de ses économies[1], comment le refuser à la femme séparée de biens dont la capacité est certainement plus grande[2]?

Je suppose, bien entendu, que, pour les acquisitions mobilières ou immobilières, la femme ne s'oblige pas, c'est-à-dire ne contracte pas d'obligation personnelle. S'il en était autrement, on ne pourrait plus dire que l'opération est pour elle un placement de fonds, un acte d'administration, et partant on retomberait dans la règle générale de l'article 217.

§ IV. — De l'incapacité de s'obliger.

64. Des différentes incapacités que j'ai énumérées jusqu'ici, et en particulier de celle d'aliéner, résulte nécessairement pour la femme mariée l'incapacité absolue de s'obliger sans autorisation.

En effet celui qui s'oblige, confère par là même à ses créanciers le droit de faire vendre ses biens pour se payer sur leur prix. La femme étant incapable d'aliéner, ne peut en aucune façon leur conférer un pareil droit. J'ai donc eu raison de dire que l'incapacité de s'obliger est contenue implicitement dans l'ar-

[1] Colmar, 31 janv. 1826; Cass., 15 déc. 1852.
[2] M. Demolombe, t. IV, n° 157.

ticle 217; elle est de plus mentionnée expressément dans les articles 220, 221, 222, et 224.

65. En suivant le raisonnement que je viens de faire on arrive nécessairement à conclure que si, dans quelques situations exceptionnelles, la femme est capable d'aliéner dans une certaine mesure, elle doit être dans la même mesure capable de s'obliger. C'est ce qui a lieu en effet pour la femme séparée de biens. Celle-ci peut s'obliger d'une manière quelconque pourvu toutefois que ce soit pour cause d'administration de ses biens : ainsi, par exemple, emprunter, se procurer les objets nécessaires à son usage, faire marché avec des architectes, charpentiers, maçons, etc., pour l'entretien ou la réparation des choses qui lui appartiennent.

66. La question de savoir si une semblable obligation est valable ne présenterait le plus souvent aucune difficulté ; mais il s'élève à ce propos une question plus délicate et vivement controversée : celle de savoir si l'exécution peut en être poursuivie non-seulement sur les meubles et sur les revenus des immeubles de la femme, mais encore sur la propriété même de ces immeubles.

Je crois cette dernière solution préférable, mais on présente en faveur de l'autre des arguments qu'il n'est pas facile d'écarter. Le plus grave se tire de l'article 1449 dont le troisième alinéa, fixant, comme je l'ai dit, les limites dans lesquelles il faut restreindre la disposition du premier, interdit formellement à la femme l'aliénation de ses immeubles. Or, permettre à celle-ci de contracter des obligations qui seront exécutoires sur ses immeubles, n'est-ce pas lui donner indirectement la faculté de les aliéner? Et comment la femme pourrait-elle seule conférer à ses créanciers le droit de saisir et faire vendre des biens dont elle n'a pas la libre disposition? On ajoute qu'il est impossible de tirer argument de l'article 2092 pour déterminer les effets d'une obligation contractée par la femme séparée de biens. C'est là, dit-on, une pétition de principes, car la question est précisément de savoir si la femme en contractant a pu obliger ses immeubles, et l'article 2092 la suppose résolue affirmativement quant au débiteur dont il s'occupe. Cet article n'a statué que *de eo quod plerumque fit*, il cesse par conséquent d'être applicable toutes les fois qu'une obligation n'est pas exécutoire sur tous les biens de celui qui l'a contractée : par exemple, lorsqu'une femme mariée sous le régime dotal, s'oblige avec l'autorisation de son mari, parce que l'obligation dont il s'agit n'est pas exécutoire sur les biens dotaux. On fait remarquer enfin que les obligations nécessitées par les besoins d'une libre administration ne sont pas si considérables que les biens mobiliers de la femme n'en puissent garantir l'exécution ; que s'il en était autrement, leur gravité même serait une raison d'exiger l'autorisation maritale pour leur entière efficacité[1].

67. Je réponds d'abord que la femme séparée de biens doit pouvoir user pleinement des pouvoirs qui

[1] Zachariæ, t. III, p. 481 ; Massol, *de la Séparation de corps*, ch. IV, n° 21 ; Marcadé, sur l'art. 1449, n° 5.

lui sont concédés par le premier alinéa de l'art. 1449; or, il est facile de supposer telle circonstance dans laquelle l'administration de ses biens lui serait impossible sans la faculté de s'obliger même sur ses immeubles. Aussi la loi ne lui a point refusé cette faculté; si elle s'oblige, l'effet de ses engagements est réglé par le principe général de l'article 2092, qu'on a parfaitement le droit d'invoquer. Il ne faut pas exagérer la valeur du troisième alinéa de l'article 1449 : ce qu'il défend à la femme, c'est l'aliénation directe de ses immeubles, parce qu'elle ne peut jamais constituer un acte d'administration, tandis que le deuxième alinéa lui a permis l'aliénation directe de ses meubles, en tant du moins qu'elle constituerait un acte de ce genre. On reste donc purement et simplement sous l'empire du premier alinéa de cet article, lequel confère à la femme un droit dont il ne faut pas lui rendre l'exercice impossible[1]. J'ajouterai cependant qu'en pratique je conseillerais volontiers à celui qui traite avec une femme séparée de biens, d'exiger l'autorisation maritale pour le cas où il serait forcé de poursuivre l'exécution de l'obligation sur la propriété des immeubles de sa débitrice.

68. Une autre question non moins grave et non moins controversée est celle de savoir si la femme séparée de biens peut s'obliger, même sur ses revenus

[1] Duranton, t. II, 492. Valette, *sur Proudhon*, t. I, p. 465; Rodière et Pont, *du Contrat de mariage*, t. II, n° 805; Demolombe, t. IV, n° 161.

et son mobilier, par voie d'achat d'emprunt ou autrement, pour une cause étrangère à l'administration de ses biens. Je la tranche négativement comme j'ai fait plus haut de celle de savoir si la femme peut, dans le même cas, aliéner son mobilier sans autorisation.

69. L'opinion contraire est encore ici défendue par des motifs fort graves. Ce n'est, dit-on, que par induction, et en conséquence de son incapacité d'aliéner, qu'on déclare aussi la femme incapable de s'obliger. J'ai fait moi-même ce raisonnement : qui s'oblige, oblige le sien et par conséquent aliène ; or la femme, est incapable d'aliéner, comment lui permettre de s'obliger? Et personne n'en conteste la valeur. Mais dit-on, dès lors que l'incapacité d'aliéner cesse pour la femme, celle de s'obliger doit en même temps disparaître: *cessante causa, cessat effectus*. Or la femme séparée de biens peut aliéner son mobilier (art. 1449); l'incapacité de s'obliger doit donc cesser pour elle, dans la mesure du pouvoir d'aliéner qui lui est rendu, c'est-à-dire qu'elle peut sans autorisation contracter des obligations personnelles, exécutoires sur son mobilier. C'est bien là ce qui est indiqué par l'article 1124 du Code Napoléon qui, formulant les exceptions au principe général posé par l'article 1123, « que toute personne peut contracter, si elle n'en est pas déclarée incapable par la loi, » s'exprime ainsi : « Les incapables de contracter sont..... les femmes mariées *dans les cas exprimés par la loi.* » On ajoute qu'il serait bien hardi de faire résulter l'incapacité de s'obliger dont

il s'agit, des articles 220 et suivants, dans lesquels on trouve le mot *contracter*. C'est chose trop grave que l'établissement d'une incapacité pour qu'on la fasse résulter d'un mot plus ou moins maladroitement jeté dans deux ou trois articles, lesquels d'ailleurs ne sont que le développement de la règle posée par l'article 217, par lequel il faut les interpréter. Les rédacteurs du Code ont agi d'ailleurs sur ce point en connaissance de cause, car l'article 225 de la coutume de Paris ne s'expliquait pas sur la question dont il s'agit, et elle était controversée dans l'ancien droit. Le Tribunat s'y arrêta et demanda que l'article 217 déclarât formellement la femme incapable de s'obliger; mais le conseil d'État ne tint aucun compte de cette observation, et rien ne fut changé à la rédaction de l'article [1]. On peut soutenir que ce fut un tort; mais ce n'est pas une raison pour enlever à la femme séparée le droit de s'obliger sur son mobilier, lorsque le second alinéa de l'article 1449 l'autorise formellement à l'aliéner [2].

70. Si solide que paraisse cette argumentation, on peut arriver cependant à la détruire. Et d'abord il n'est pas exact de dire que l'incapacité de s'obliger ne soit pour la femme qu'une conséquence de l'incapacité d'aliéner. M. Valette démontre fort bien en quelques mots qu'elle résulte virtuellement, mais direc-

[1] Locré, *Législ. civ.*, t. IV, p. 458.

[2] *Req. rej.*, 10 mars 1813; Cass., 18 mai 1819; Colmar, 8 août 1820; Paris, 5 mars 1852; Lyon, 18 juin 1847.

tement, de l'article 217 lui-même. « On ne peut, dit-il, s'obliger que de deux manières, gratuitement ou à titre onéreux. Or la femme mariée ne peut s'obliger gratuitement, car l'article 217 ne lui permet pas de donner. Ainsi, par exemple, si elle accepte un mandat, elle donne au mandant une créance contre elle-même. Elle ne peut non plus s'obliger moyennant un équivalent, car le même article 217 lui interdit d'acquérir à titre onéreux [1]. » Pour moi, je trouve qu'il n'y a rien à répondre à cela.

Il n'est pas vrai non plus de dire que les articles 220 et suivants ne doivent être considérés et interprétés que comme le développement d'une règle générale posée par l'article 217. Tous ces articles doivent s'interpréter les uns par les autres ; les exceptions consignées dans les derniers, témoignent hautement de la généralité de la règle établie par le premier, et elles montrent bien que les actes juridiques qui s'y trouvent nominativement indiqués le sont plutôt par forme d'exemples que dans une intention restrictive [2]. L'incapacité de s'obliger dont est frappée la femme mariée est donc indépendante de son incapacité d'aliéner, et par conséquent elle ne cesse en aucune façon, lorsque cette dernière se trouve levée dans une certaine mesure. Or l'article 1449 ne permet à la femme séparée de biens que d'aliéner ; elle reste donc,

[1] Valette, *sur Proudhon*, t. I, p. 464.
[2] Aubry et Rau, t. IV, § 472, note 18 ; Demolombe, t. IV, n° 163.

quant à l'incapacité de contracter, soumise à la règle générale.

71. Certains auteurs, tout en admettant cette théorie, en sont partis pour poser une distinction que je ne puis admettre. Ils prétendent que la femme peut aliéner son mobilier directement, parce que ce droit lui est formellement conféré par l'article 1449, second alinéa, tandis qu'elle demeure incapable de l'aliéner indirectement, c'est-à-dire en s'obligeant autrement, bien entendu, que par des actes d'administration. Pour justifier cette distinction, ils disent qu'autre chose est la simple obligation, autre chose l'aliénation proprement dite : celle-ci entraîne un dépouillement actuel et irrévocable, il n'est donc pas à craindre que la femme s'y laisse trop facilement entraîner, parce qu'elle en sentira tout d'abord l'importance. L'obligation, au contraire, n'entraîne aucun sacrifice actuel, elle favorise les illusions et compromet l'avenir, puisqu'elle engage tous les biens présents et futurs. On reconnaît là des considérations qui ne sont pas sans valeur, et que j'ai eu occasion de signaler plusieurs fois à propos du S. C. Velléien et de la loi Julia [1].

Mais j'ai repoussé par avance cette doctrine en démontrant (voir ci-dessus, § 2) qu'en vertu de l'article 1449, deuxième alinéa, la femme séparée de biens ne pouvait aliéner son mobilier sans autorisa-

[1] Vazeille, *du Mariage*, n° 518; Odier, *du Contrat de mariage*, t. I, n° 404; Rodière et Pont, *du Contrat de mariage*, t. II, n° 882; Paris, 7 août 1820; Nîmes, 4 juillet 1824; Montpellier, 10 juin 1830.

tion qu'autant que cette aliénation rentrait dans les limites de la libre administration qui lui appartient. Je puis maintenant compléter ma théorie, en disant qu'elle est également incapable de s'obliger, même jusqu'à concurrence de son mobilier, pour une cause étrangère à cette administration[1].

72. La femme séparée de biens ne peut donc point s'obliger au delà des limites que nous venons de voir mais elle le peut en deçà, et à ce propos il est bon de faire remarquer que le droit d'administration qui lui est concédé par l'article 1449 est des plus étendus. Tandis que l'article 481 ne permet aux mineurs que les actes de *pure* administration, la loi lui donne, à elle, l'administration *libre et entière* (art. 1459 et 1536).

Il faut en conclure que toutes les fois qu'il sera possible de faire entrer un contrat dans la catégorie des actes d'administration, ce contrat sera valablement passé par la femme sans autorisation. Voyons quelques applications de ce principe.

Il n'est pas douteux que la femme puisse seule recevoir ses capitaux et donner quittance, même consentir la mainlevée d'une inscription hypothécaire, toucher ses revenus et payer ses dettes, même immo-

[1] Paris, 2 mai 1810, 7 août 1820, 1er juin 1824, Cass. 12 févr. 1828, 18 mars 1829, 5 mai 1829, 3 janv. 1831 ; Caen, 6 mars 1844. — Valette, *sur Proudhon*, t. I, p. 463 ; Zachariæ, t. III, p. 182 ; Marcadé, sur l'art. 1449 ; Troplong, *Contr. de mar.*, t. II, nº 1410-1420 ; Demolombe, t. IV, 155 et 163.

bilières, placer ses capitaux et ses revenus de telle manière qu'elle le juge convenable[1].

73. Sur ce dernier point on s'est demandé si son droit allait jusqu'à pouvoir, sans autorisation, acheter un usufruit et placer ses capitaux en rentes viagères. M. Demolombe ne le pense pas[2], et je suis fort porté à admettre son avis sur ce point. Je crois qu'il faudrait voir là, non plus un emploi, un placement et par conséquent un acte d'administration, mais, au contraire, une véritable et dangereuse aliénation.

74. La femme séparée de biens ayant la capacité de disposer de son mobilier peut, conformément à l'article 2045, transiger sur les difficultés relatives à son mobilier et à l'administration de ses biens[3]. Mais il faut, malgré les termes de l'article 1003 du Code de procédure analogues à ceux de l'article 2045 du Code Napoléon, lui refuser le droit de compromettre dans les mêmes limites. Cela tient à ce que compromettre, c'est, jusqu'à un certain point, plaider, et aussi à ce que les causes des femmes non autorisées sont sujettes à communication au ministère public (art. 83, 6°, du Code de Pr.). L'admission du système contraire[4]

[1] Voir sur ces différents points, Rolland de Villargues, *Rép. du not.*, v° *Payement*, n° 7; Turin, 10 janvier 1810 et Paris, 12 mai 1859.

[2] M. Demolombe, t. IV, n° 158. Voir, en sens contr., Troplong, *Contr. de mar.*, t. II, 1422.

[3] Troplong, *des Transactions*, art. 2045, n° 51; Demolombe, t. IV, n° 159.

[4] Boitard, *Pr. civ.*, t. II, n° 581.

conduirait d'ailleurs à des résultats inadmissibles [1].

75. La femme séparée de biens a encore le droit de consentir, sans autorisation, des baux à loyer et à ferme aux conditions ordinaires de ces sortes de contrats, c'est-à-dire pour neuf ans seulement, en règle générale (arg. des art. 595, 1429, 1430 et 1718). Les magistrats auraient même une certaine latitude d'appréciation pour maintenir des baux d'une plus longue durée, s'ils étaient faits utilement et de bonne foi, mais le bail qui ne pourrait pas être considéré comme un acte d'administration devrait être invalidé [2]. Il en serait de même des emprunts et en général de tous les autres actes qui n'auraient point ce caractère.

76. J'ai dit tout à l'heure que la femme séparée de biens est capable de recevoir le payement de ce qui lui est dû. Il ne faudrait pas conclure de là qu'elle doive supporter toutes les conséquences possibles et accidentelles qui peuvent finir par dénaturer un payement et le changer en une espèce de prêt. Si donc la femme avait reçu l'indu elle ne pourrait être tenue de restituer que *quatenus locupletior facta est*. Exiger d'elle autre chose serait lui imposer une obligation personnelle qu'elle est incapable de contracter [3].

77. M. Demolombe clôt sa théorie de l'incapacité de

[1] Ar. Dalloz, *Dict.*, v° *Arbitrage*, n° 139; Rolland de Villargues, *Rép. du not.*, v° *Compromis*, n° 27; Demolombe, t. IV, n° 160.

[2] Zachariæ, t. III, p. 180; Demolombe, t. IV, n°s 154 et 164.

[3] Demolombe, t. IV, 182.

la femme mariée, en ce qui concerne les contrats, par l'examen de deux difficultés qu'il qualifie avec raison de « fort sérieuses et d'un grand intérêt doctrinal et pratique. » Elles ne se rattachent qu'indirectement à la matière qui fait l'objet de ce travail et je me contenterai d'en dire seulement quelques mots.

78. La première de ces difficultés porte sur le point de savoir si, lorsque le mari, d'après les conventions matrimoniales, a l'administration et la jouissance des biens propres de la femme, comme sous le régime de la communauté, d'exclusion de communauté et le régime dotal, un tiers peut faire à la femme une libéralité, sous la condition que le mari n'aura ni l'administration ni la jouissance du bien donné ou légué. M. Demolombe pense, et la jurisprudence ainsi que bon nombre d'auteurs se trouvent de son avis, qu'il n'y a là rien de contraire à la disposition de l'article 1395, ni rien de blessant pour l'autorité maritale, et que, par conséquent, une pareille libéralité doit être maintenue[1].

79. La seconde difficulté consiste à se demander si la libre administration conférée à la femme en cas de séparation de biens est de telle nature que le mari ne conserve pas toujours un certain droit de surveillance et ne puisse pas demander à la justice que la femme soit tenue de prendre telle ou telle précaution qu'il

[1] Merlin, *Rép.*, t. IV, v° *Dot.*, § 11, n° 10; Proudhon, *de l'Usufruit*, t. I, 285; Toullier, t. XII, n° 112; Duranton, t. XIV, n° 150; Demolombe, t. IV, n° 171.

juge utile. Après une savante discussion, M. Demolombe admet la négative. Il fonde le droit de surveillance du mari sur les articles 203, 213, 1388, « c'est-à-dire sur cette autorité qui le constitue le chef de la famille et le gardien suprême de tous ses droits. » Il généralise les décisions rendues par quelques arrêts qui n'ont statué que sur des cas où les époux étaient mariés sous le régime dotal, parce que, dit-il, l'autorité maritale existe sous tous les régimes matrimoniaux, et les articles cités plus haut sont pour ainsi la *charte constitutionnelle* de la famille [1].

CHAPITRE III

DE LA CAPACITÉ QUE CONSERVE TOUJOURS LA FEMME MARIÉE.

80. J'ai eu déjà l'occasion de rappeler dans cette matière la règle générale posée par l'article 1123, que toute personne peut contracter si elle n'en est pas déclarée incapable par la loi, règle qui n'est en définitive que l'application, en matière de contrat, de ce principe plus général, applicable à tous les temps et à toutes les législations, que les incapacités sont de droit étroit. Si considérable que soit donc l'incapacité de la femme mariée, elle n'est en définitive

[1] Massol, *de la Séparat. de corps*, p. 224, n° 18 et p. 279, n° 12 ; Demolombe, t. IV, n° 173.

qu'une exception, et, comme telle, elle ne doit pas être étendue au delà des limites fixées par la loi elle-même. C'est ce qu'indique l'article 1124.

Après avoir énuméré les diverses incapacités dont la femme est frappée par les articles 215 et suivants et déterminé l'étendue qu'il faut leur donner, on peut dire que tout ce qui n'est pas défendu à la femme lui est permis, c'est-à-dire qu'elle peut faire sans autorisation tout acte qui ne rentre pas dans la catégorie de ceux qui lui sont prohibés ou qui, pouvant y rentrer, a été néanmoins permis à la femme, soit par une disposition expresse de la loi, soit même implicitement. Je n'ai pas la prétention d'énumérer ici tous les actes de ce genre, ceux surtout qu'il faut regarder comme pouvant être faits par une femme non autorisée, par la seule raison que la loi n'a dit le contraire nulle part. Mais je veux parcourir les principaux et m'arrêter particulièrement à ceux sur lesquels peut s'élever quelque controverse.

81. La femme mariée peut, sans autorisation, exercer sur la personne des enfants légitimes ou naturels qu'elle a eus d'un autre que son mari, tous les droits de la puissance paternelle, par exemple, les émanciper, donner ou refuser son consentement à leur mariage. En effet, par cela seul que la loi confère à la femme quelques-uns de ces droits, il va de soi qu'elle l'habilite par là même à les exercer sans aucune autorisation. Autrement elle ne ferait que lui enlever d'une main ce qu'elle lui donne de l'autre. Je

n'ai parlé que des droits de la femme sur les enfants qu'elle aurait eus d'un premier lit, bien que ces droits, selon moi, soient les mêmes sur ceux qu'elle aurait eus du mari sous la puissance duquel elle se trouve. Mais je voulais appuyer sur ce dernier point, parce qu'il semble avoir été contesté par quelques auteurs, dont l'opinion, sous ce rapport, me paraît impossible à soutenir[1].

82. La femme mariée peut, en général, prendre seule toutes les mesures qui ont uniquement pour objet la conservation ou la sûreté de ses droits, pourvu que ces actes soient de telle nature qu'ils n'exigent pas l'introduction d'une demande en justice ou qu'ils ne lui imposent pas quelque obligation. Ainsi elle peut faire une sommation à ses débiteurs, à l'effet de les constituer en demeure, ou un protêt pour assurer ses droits contre les endosseurs d'une lettre de change. Elle peut, fût-elle mineure, présenter au président du tribunal les requêtes par lesquelles elle demande à plaider en séparation de corps et de biens ou toute autre autorisation judiciaire. Elle peut encore requérir les transcriptions prescrites par les articles 171 et 939, et faire inscrire, soit son hypothèque légale sur les biens de son mari, soit toute autre hypothèque sur les biens d'un tiers.

Il n'est pas douteux que ces actes soient valables, mais ils peuvent donner lieu à une question

[1] Rolland de Villargues, *Rép. du not.*, v° *Consentement à mariage*, n° 9; Demolombe, t. IV, 167.

assez délicate, au cas où ils ont été faits par le ministère d'un huissier. La femme qui les a ordonnés sans autorisation est-elle valablement obligée de payer, à l'huissier qui les a faits, les frais qu'ils ont occasionnés? Je crois qu'il faut admettre sans hésiter l'affirmative. La capacité qu'a la femme de faire l'acte lui-même emporte implicitement la capacité accessoire de faire ce qui est nécessaire pour l'accomplir. Qui veut la fin veut les moyens. Il y a là une exception à l'incapacité de s'obliger, qu'il serait vraiment puéril de ne pas admettre[1].

83. Mais la femme a besoin de l'autorisation de son mari pour exercer, par exemple, une surenchère sur les biens d'un tiers, ou pour suivre en justice les effets des actes conservatoires que je viens d'indiquer, comme assigner en validité de saisie-arrêt ou en garantie d'un protêt fait à sa requête. L'exception doit rester nécessairement dans les limites d'un acte conservatoire.

Il est juste et logique de décider que réciproquement les tiers peuvent exercer des actes conservatoires contre la femme, sans qu'il soit nécessaire d'obtenir l'autorisation maritale; mais ici encore il faut savoir s'arrêter à temps, et ne pas décider, comme l'ont fait deux arrêts de Cour impériale[2], que des créanciers peuvent exercer ainsi contre la femme des actes d'exécution. L'article 2208, sur lequel se fon-

[1] Proudhon, t. I. p. 159; Mourlon, *Rép. écr.*, t. I. p. 401, à la note.
[2] Bordeaux, 4 août 1829; Amiens, 21 nov. 1838.

dent ces arrêts, suppose, au contraire, la nécessité de l'autorisation, en disant que la femme, au refus du mari de procéder avec elle, peut être autorisée par justice [1].

84. On peut encore citer comme pouvant être faite par la femme sans autorisation la révocation d'un mandat donné par elle, que le mandataire soit un tiers ou son mari lui-même [2].

85. L'article 216 contient une exception importante à la première incapacité dont la loi frappe la femme mariée, celle d'ester en jugement. Il y est dit que l'autorisation du mari n'est pas nécessaire lorsque la femme est poursuivie en matière criminelle ou de police. J'ajoute immédiatement : d'une part, que la femme poursuivante est soumise à la règle générale ; et, d'autre part, que l'article 216 s'applique aux matières correctionnelles ; c'est évidemment par oubli qu'elles ne s'y trouvent pas mentionnées. Quant au motif de cette disposition, il est facile à saisir ; c'est qu'il est toujours utile et juste qu'un accusé ne soit point condamné sans avoir été entendu. On peut imaginer qu'en matière civile il soit avantageux à la femme de se laisser condamner par défaut, et partant on comprend que l'autorisation de se défendre lui soit refusée par son mari et par la justice. Le même avantage ne peut se présenter en matière criminelle, et c'est pourquoi l'on a bien fait de ne pas

[1] M. Demolombe, t. IV, nos 131-135.
[2] Caen, 15 juillet 1824.

forcer la femme à demander une autorisation qu'il serait toujours injuste de lui refuser. Il ne faudrait pas remplacer ce motif fort plausible, en disant que le mari ne peut arrêter l'action de la loi [1]. Cela est vrai, mais s'applique aussi bien en matière civile qu'en matière criminelle, et ne peut suffire, par conséquent, à expliquer deux règles différentes.

86. Voyons maintenant, ce qui est plus important, quelle est l'étendue de cette exception formulée par l'article 216. On sait que deux personnes peuvent exercer une action contre l'auteur au moins présumé d'un crime, d'un délit, ou d'un contravention : le ministère public et la partie civile. Il n'est pas douteux que l'article 216 s'applique à la poursuite du ministère public. La femme peut y défendre sans autorisation.

Quant à la poursuite de la partie civile, plusieurs hypothèses peuvent se présenter. Et d'abord cette poursuite peut avoir lieu en même temps et devant les mêmes juges que celle du ministère public. La femme n'a point alors besoin d'autorisation. La loi qui la déclare capable de défendre seule à l'action principale, l'habilite par là même par rapport à l'action accessoire : *accessorium sequitur principale*.

Dans une seconde hypothèse, qui ne peut se présenter qu'en matière correctionnelle ou de police, le ministère public s'abstient : la partie civile agit seule

[1] Proudhon, t. I, p. 458.

et directement contre la femme. Je crois qu'en pareil cas celle-ci peut encore défendre sans aucune espèce d'autorisation. On a bien objecté que le ministère public n'agissant pas, l'action se réduit à un intérêt purement civil et pécuniaire[1]; mais cela n'est vrai que du côté du demandeur. Par cela seul que l'action est portée devant un tribunal de justice répressive, la femme est bel et bien poursuivie en matière correctionnelle ou de police. Et cela est si vrai, qu'une condamnation peut être en définitive prononcée contre la femme, s'il plaît au ministère public de la requérir au dernier moment; et si le tribunal juge à propos de la prononcer. Ajoutons que le Code Napoléon, comme le dit très-bien M. Demolombe, s'occupe surtout des actions intentées par les parties privées, et que la généralité de l'article 216 ne permet pas de penser qu'il ait ici voulu les exclure[2].

La dernière hypothèse est celle où la partie civile forme sa demande à seule fin de dommages-intérêts devant le tribunal civil. La femme est alors poursuivie, non plus en matière criminelle ou de police, mais bien en matière civile. Elle doit certainement être autorisée. L'article 216 doit donc être écarté; il faut revenir à la règle générale de l'article 215. C'est un point dont tout le monde convient.

87. J'ai cité au chapitre premier certaines cou-

[1] Aubry et Rau, t. IV, § 472, note 14, Marcadé, art. 216, n° 1.

[2] M. Valette, *Explic. somm.*, p. 123; Demante, t. I, n° 289 bis; Demolombe, t. IV, 145.

tumes qui avaient exagéré, selon moi, d'une manière tout à fait injustifiable le principe de l'incapacité de la femme mariée, en lui défendant de faire seule son testament. C'étaient, du moins, parmi les coutumes générales, celles de Normandie, de Bourgogne, de Bretagne, d'Artois, de Nivernais, de Bourbonnais. Ce sont les dispositions de ces coutumes qui expliquent l'insistance avec laquelle les rédacteurs du Code sont revenus sur ce point, en déclarant à deux reprises différentes que la femme peut tester sans l'autorisation de son mari (art. 226 et 905, 2e al.). Cette exception à la règle de l'incapacité se justifie d'elle-même ; la loi n'a-t-elle pas pris partout les plus sages précautions pour que le testament fût toujours l'œuvre de l'unique et libre volonté du testateur? Et pourquoi parler ici d'autorisation maritale, quand il s'agit d'un acte qui ne sera jusqu'à la mort de la femme qu'un projet, et dont il ne sortira le moindre effet qu'après qu'aucune puissance maritale n'existera plus?

Du droit qu'a la femme de tester sans autorisation, il suit qu'elle peut de même, et dans les mêmes formes que toute autre personne, révoquer son testament. La révocation d'un testament n'est, après tout, que la confection d'un testament nouveau.

88. La loi, par de sages motifs, a voulu que les donations faites entre époux pendant le mariage fussent toujours révocables; mais on comprend que la faculté pour la femme de révoquer les donations par elle faites à son mari eût été insignifiante, si elle

n'avait pu l'exercer qu'avec l'autorisation de ce dernier. Aussi la loi l'en a-t-elle formellement dispensée dans une disposition presque superflue (art. 1096, 2e al).

89. L'accession et la prescription s'appliquent évidemment en tant que modes d'acquérir, soit à son profit, soit contre elle au profit des tiers, à la femme mariée dépourvue d'autorisation. Les articles 2254 et 2256 ne font que suspendre la prescription en sa faveur dans certains cas spéciaux.

90. Le mandat, soit *ad litem* soit *ad negotia* peut être valablement conféré à la femme mariée, sans autorisation (art. 1990), en ce sens du moins que, malgré l'incapacité de cette dernière, le mandant se trouvera lié par l'exécution du mandat, tant envers elle, qu'envers les tiers avec lesquels elle aura contracté. Mais il faut s'arrêter là, car la femme mariée ne peut contracter sans autorisation, ni envers les tiers, ni envers le mandant, aucune obligation personnelle. Elle pourra opposer la nullité du mandat, si elle est recherchée, soit pour inexécution des obligations résultant de ce contrat, soit en reddition de compte. Elle ne pourrait être tenue que de l'action *de in rem verso*, si elle s'était enrichie aux dépens du mandant, ou d'une action en dommages-intérêts à raison du délit commis par elle, si elle avait frauduleusement détourné les objets que le mandant lui avait confiés. Ce dernier ne pourrait d'ailleurs s'en prendre qu'à lui-même de l'imprudence qu'il a commise en confiant ses intérêts

à un incapable[1]. Remarquons, qu'une femme même séparée de biens, ne pourrait se trouver obligée personnellement à raison d'un mandat ayant pour objet un acte d'administration, parce que l'acceptation de ce mandat ne constitue pas à son égard un acte de cette nature[2].

91. La femme peut également, sans autorisation de son mari, reconnaître les enfants naturels qu'elle a procréés avant son mariage, soit avec son mari, soit avec tout autre. Aucune des incapacités prononcées par les articles 215 et 217 ne peut trouver ici son application. Celui qui est moralement capable de volonté est par cela même apte à reconnaître un enfant naturel, quelle que soit d'ailleurs l'incapacité légale dont il se trouve frappé sous d'autres rapports : tel est l'esprit de la loi. L'article 337 confirme cette doctrine, car il suppose que chacun des époux a le droit de reconnaître les enfants naturels qu'il a eus avant le mariage. J'ajoute qu'une déclaration de reconnaissance doit être toute personnelle et qu'elle constitue pour la mère un devoir dont il n'eût pas été sage de subordonner l'accomplissement à une autorisation[3].

92. Il me reste à parler de la capacité de la femme mariée relativement aux quasi-contrats, aux délits, aux quasi-délits et aux obligations qui dérivent de la loi.

[1] Proudhon et Valette, t. I, p. 462; Aubry et Rau, t. III, § 411, n° 8; Demolombe, t. IV, n°s 166 et 168.

[2] Aubry et Rau, *loc. cit.*

[3] Proudhon, t. II, p. 146; Aubry et Rau, t. IV, § 472, n° 26, et § 568, n° 10; Demolombe, t. III, n° 127, et t. IV, n° 187.

Quant aux délits et aux quasi-délits, ils obligent certainement la femme non pourvue de l'autorisation maritale; cela n'a pas besoin d'être démontré. Il est évident que la femme mariée ne saurait cesser d'être responsable du dommage causé à autrui par son fait ou par sa faute conformément à la règle générale de l'article 1382.

93. Il faut décider aussi que l'autorisation n'est pas nécessaire pour que la femme soit obligée lorsque l'engagement résulte de l'autorité seule de la loi, par exemple de la gestion d'une tutelle dans les cas où cette charge peut lui échoir[1]. Toutes les fois que la loi donne un mandat à la femme, elle l'habilite pour cela même à l'accepter et à le remplir. C'est pourquoi on décide avec raison que la mère d'un mineur non émancipé n'a pas besoin de l'autorisation de son mari pour exercer le droit, qui lui est conféré par l'article 935, d'accepter au nom du mineur les donations faites à son profit. La femme n'agit pas alors en son propre nom, elle exerce un pouvoir ou un mandat qu'elle tient de la loi, et qui par conséquent ne peut être subordonné au bon vouloir du mari[2].

94. Pour les quasi contrats, il faut distinguer, sui-

[1] Aubry et Rau, t. IV, § 472, n° 21; Demolombe, t. IV, n° 176. Voir, en sens contr., Duranton, t. II, 500.

[2] Toullier, t. II, n° 650, et t. V, n° 198; Proudhon et Valette, t. I, p. 462; Demolombe, t. IV, 167; Troplong, *Donat.*, III, 1120; Aubry et Rau, t. V, § 652, n° 2. — En sens contraire, Grenier, *Donat.*, t. I, n° 64.

vant qu'ils résultent du fait d'un tiers ou d'un fait personnel de la femme.

Dans le premier cas, si, par exemple, un tiers a géré les affaires de la femme, il n'y a pas doute que celle-ci puisse être obligée, non-seulement par l'action *de in rem verso*, comme on l'a prétendu à tort [1], mais par l'action *negotiorum gestorum*, pourvu que la gestion ait été originairement utile et profitable. C'était déjà la doctrine enseignée par Pothier [2].

Pour le cas où le quasi-contrat résulterait d'un fait personnel à la femme, je pense que son incapacité subsiste et qu'elle ne peut se trouver obligée sans autorisation. Il faut dire avec M. Demolombe « que la loi a voulu que la femme ne puisse pas par sa volonté, par son intention, par son fait personnel enfin, aliéner ou s'obliger sans autorisation ; c'est sa volonté qu'on fait dépendante : tel est le but essentiel du principe de l'autorisation. » C'est pour cela que la femme est incapable d'accepter ou de répudier une succession (art. 776) ou d'accepter la charge d'exécutrice testamentaire (art. 1029). Il faut absolument interdire à la femme non autorisée toute acquisition, aliénation ou obligation résultant d'un acte volontaire et intentionnel de sa part.

95. Si l'on applique ces principes à l'hypothèse où la femme a géré l'affaire d'autrui ou des affaires com-

[1] Duranton, t. II, n° 497.

[2] Pothier, *de la Puissance du mari*, n° 50, et *du quasi-cont. Negot. Gest.*, n° 221; Demol., t. IV, n° 177; Marcadé, art. 217, n° 2.

munes entre elle et un tiers, il faut décider qu'elle n'a pu s'obliger sans autorisation envers le maître, à moins que les fautes de sa gestion ne constituent de sa part un quasi-délit dont elle devrait alors la réparation, ou qu'elle ne se soit enrichie à raison de cette gestion, auquel cas elle serait tenue de l'action *de in rem verso*. Je conviens que la situation du maître est digne d'intérêt, et qu'il pourra se trouver lésé fort malheureusement, si les fautes de la femme ne constituent pas des quasi-délits et si les tiers qui seraient devenus responsables pour s'être mêlés à sa gestion d'affaire sont insolvables. Mais en fait, il y aura le plus souvent pour le maître ouverture à quelque recours efficace qui lui rendra moins pénible l'application de cette doctrine, la seule que je croie conforme à l'esprit de l'article 217[1].

96. Reste un quasi-contrat, le payement de l'indu, qui résulte tout à la fois du fait d'un tiers et du fait personnel de la femme. Deux hypothèses peuvent se présenter : si c'est la femme qui a payé, et qu'elle fût capable de le faire, le payement est valable, et c'est à elle de prouver qu'il a été fait sans cause, parce que la dette n'existait pas (art. 1235). Si c'est la femme qui a reçu le payement il faut, pour que la question se présente de savoir si elle est obligée, supposer

[1] Pothier, *Puissance du mari*, n° 50; Duranton, t. II, n° 497; Aubry et Rau, t. III, § 111, n° 1; Demolombe, t. IV, n° 181. — Voir, en sens contraire. Toullier, XI, 39 et suiv.; Valette, *sur Proudhon*, t. I, p. 465; Mourlon. *Rép. écr.*, t. I, p. 402.

qu'elle était capable de le recevoir, sans cela elle ne serait évidemment tenue que *de in rem verso*, puisque le payement n'aurait pas éteint la dette si elle avait existé. Or, la femme est, de droit commun, incapable de recevoir un payement. La question ne se présente donc, que pour la femme séparée de biens qui, en vertu de son droit d'administration, se trouve relevée de cette incapacité, et j'ai démontré qu'elle ne pouvait être tenue pour avoir reçu l'indu que *quatenus locupletior facta est* (voir ci-dessus chap. II, § 4 *in fine*)[1].

97. Je viens de signaler à plusieurs reprises, l'action *de in rem verso* comme pouvant être intentée contre la femme mariée, non valablement obligée. Il y a là un principe à généraliser. Toutes les fois qu'une femme mariée a tiré un profit quelconque d'une opération dont elle peut opposer la nullité, elle est néanmoins tenue jusqu'à concurrence de ce profit : c'est l'application de cette règle de droit naturel, que nul ne peut s'enrichir aux dépens d'autrui[2].

CHAPITRE IV

DE L'AUTORISATION DU MARI, COMMENT ET A QUEL MOMENT ELLE DOIT ÊTRE DONNÉE.

§ Ier. — Notions préliminaires.

98. L'incapacité de la femme mariée n'est pas absolue, c'est-à-dire qu'elle ne consiste pas en ce que

[1] Demolombe, t. IV, 182.
[2] Bordeaux, 16 mars 1854, *Req. rej.*, 24 janvier 1855.

les actes signalés au chapitre II lui sont tout à fait interdits, mais seulement en ce qu'elle ne peut faire ces actes sans y avoir été valablement autorisée. Le premier point à examiner est celui de savoir de qui peut émaner l'autorisation indispensable à la femme mariée pour faire ces actes. La règle générale est qu'elle doit être donnée par le mari. Exceptionnellement elle peut l'être par la justice. Il faut examiner ensuite dans quelles formes et à quel moment doit intervenir l'une ou l'autre de ces autorisations. C'est ce que je vais faire dans le présent chapitre pour l'autorisation du mari, et dans le chapitre suivant pour l'autorisation de justice.

§ II. — Des conditions requises pour la validité de l'autorisation du mari.

99. La seule condition qui puisse être considérée comme indispensable et que la loi indique comme telle pour la validité de l'autorisation du mari est que cette autorisation soit *spéciale*. « C'est là, dit M. Demolombe, une règle de la plus haute importance dont il est essentiel de bien déterminer le sens et l'étendue. »

100. Nos anciennes coutumes étaient loin d'être d'accord sur le point de savoir si l'autorisation devait être spéciale. La plupart distinguaient entre les autorisations accordées par le contrat de mariage, et celles accordées depuis le mariage, et n'admettaient que

pour les premières la validité de l'autorisation générale[1].

101. Le Code Napoléon s'est arrêté à une règle plus simple et plus absolue; il exige dans tous les cas la spécialité de l'autorisation, comme on peut le voir à l'article 223 : « Toute autorisation générale, même stipulée par contrat de mariage, n'est valable que quant à l'administration des biens de la femme; » et à l'article 1538, 2ᵉ alinéa : « Toute autorisation générale d'aliéner les immeubles donnés à la femme, soit par contrat de mariage, soit depuis, est nulle. » La règle porte avec elle une exception dont je m'occuperai plus loin, après avoir étudié l'application du principe.

102. Remarquons d'abord que les articles 223 et 1538 ne s'appliquent que lorsqu'il s'agit d'actes relatifs aux biens personnels de la femme. Le mari peut valablement donner à sa femme l'autorisation la plus générale d'emprunter, d'aliéner les biens de la communauté, ou ses biens personnels, à lui, mari. En effet, on ne peut pas dire alors que le mari a autorisé sa femme, mais bien qu'il lui a donné un mandat, une procuration parfaitement valable, aux termes des articles 1987 et 1988.

Une procuration de ce genre serait même valable, si elle avait pour objet l'administration des biens personnels de la femme, administration qui, d'après les

[1] Lebrun, *de la Communauté*, liv. II, chap. I, sect. VI; Merlin, *Rép.*, t. I, vᵒ *Aut. mar.*, sect. VI, § 2, art. 2.

conventions matrimoniales, appartiendrait au mari. La femme administrerait alors ses propres biens sous la responsabilité personnelle de ce dernier, dont elle serait mandataire. Ainsi le mari peut, par une procuration générale, autoriser sa femme à faire pour son compte, à lui, des actes qu'il ne peut l'autoriser à faire pour elle-même que par une autorisation spéciale, dans le sens que je vais indiquer[1].

103. Mais en quoi consiste le principe de la spécialité? Et quand il doit être appliqué, à quoi pourra-t-on reconnaître qu'une autorisation est spéciale? c'est là un point des plus délicats sur lequel les auteurs sont loin de s'entendre sans contestation. Aussi je n'essayerai point de poser tout d'abord une règle générale, je me contenterai de la faire ressortir plus tard de l'examen d'un certain nombre d'hypothèses.

104. Il est évident que l'autorisation ne serait pas spéciale si elle n'était donnée séparément pour chaque instance judiciaire, pour chaque acte juridique que la femme se propose de passer. Ce n'est pas tout, l'autorisation ne serait pas spéciale si elle se rapportait à des actes juridiques déterminés seulement par leur nature. Il faut, de plus, que les objets ou les sommes sur lesquels ils devront porter soient spécifiés ou limités. Ainsi ne serait pas spéciale l'autorisation donnée à une femme d'aliéner ou d'hypo-

[1] Toullier, t. II, 644; Duranton, t. II, 448; Rolland de Villargues, *Rép. du not.*, V° *Autorisat. marit.*, n° 128-150; Demolombe, t. IV, 204 et 205

théquer ses immeubles, ou de contracter des emprunts[1]. Jusqu'ici pas de contestation.

105. Mais que décider si un mari a autorisé sa femme à aliéner, par exemple, les immeubles qu'elle possède à Paris, ou même un immeuble déterminé? Il en est qui trouvent suffisamment spéciale une pareille autorisation. Ils invoquent en faveur de leur opinion le texte des articles 1538, 1987 et 1988. La loi n'a, disent-ils, d'autre but que d'empêcher les autorisations illimitées, qui tendent, comme dit Pothier, à rendre la femme indépendante du mari et à la soustraire entièrement à sa puissance. Ils prétendent enfin qu'il serait déraisonnable et contraire à l'intérêt des époux d'exiger autre chose alors que peut-être l'autorisation doit nécessairement intervenir quand il est impossible de prévoir à quelle époque, et dans quelles conditions se fera l'aliénation qu'elle a pour objet[2].

Pour moi, je crois au contraire que c'est là mal interpréter le texte et l'esprit des articles 223 et 1538. Je prétends que le mari abdiquerait en définitive une part de sa puissance et ne veillerait point d'assez près aux intérêts matrimoniaux s'il accordait une semblable autorisation. Or, c'est précisément d'une part pour que ces intérêts soient sauvegardés, et d'autre part pour que la femme ne fasse rien que n'ait approuvé le mari, qu'a été établie l'incapacité de la femme mariée. Il faut donc que l'autorisation indis-

[1] Aubry et Rau, t. IV, § 472, n° 16.
[2] Aubry et Rau, *loc. cit.*

pensable dans l'hypothèse dont il s'agit soit donnée en vue d'un acte à passer à une époque déterminée, avec fixation du prix, et après examen des diverses conditions de cet acte ; autrement elle n'est pas spéciale[1].

106. Au contraire, la condition de spécialité serait suffisamment remplie dans une autorisation donnée à la femme d'aliéner pour un certain prix et à telles conditions que le mari jugerait bon d'indiquer, tous les immeubles qu'elle possède actuellement. En effet, cette autorisation serait donnée alors en parfaite connaissance de cause et peu importe d'ailleurs l'étendue ou la gravité des actes qu'elle serait destinée à valider[2].

107. De même, le mari peut dans un seul acte donner à sa femme plusieurs autorisations spéciales pour plusieurs affaires différentes, pourvu que ces affaires soient spécialement désignées, et que mention soit faite des circonstances principales dans lesquelles elles doivent intervenir. La cour de cassation a donc jugé avec raison que l'autorisation donnée à la femme d'ester en jugement pour faire annuler les engagements par elle contractés avec son mari, est une autorisation spéciale[3].

108. Il faut se garder d'appliquer à la spécialité de

[1] Proudhon, t. I, p. 465 ; Demante, t. I, n° 304 bis ; Demolombe, t. IV, n° 207.

[2] Demolombe, *loc. cit.*

[3] *Civ. rej.*, 29 juin 1842.

l'autorisation maritale les règles pour lesquelles on décide si un mandat est spécial ou général dans le sens indiqué par les articles 1987 et 1988. Ainsi un mandat est spécial pourvu qu'il n'embrasse pas toutes les affaires du mandant ; au contraire, l'autorisation n'est pas spéciale par cela seul qu'elle n'a pour objet qu'une seule catégorie d'actes à accomplir. Ainsi l'autorisation donnée à la femme de faire des emprunts serait insuffisante, si elle n'en fixait les conditions et le montant, de même que celle de s'obliger comme caution pour tous les emprunts que pourrait faire le mari [1]. Ces autorisations ne rempliraient pas la condition indispensable de la spécialité plus que celle d'aliéner les immeubles situés dans tel département et dans les colonies, ou d'aliéner tel immeuble de la manière que la femme le jugerait à propos. Les unes et les autres seraient donc nulles quand même elles résulteraient d'une clause du contrat de mariage [2].

109. Une dernière difficulté me reste à résoudre. Si la femme donne à son mari, le mandat de passer des actes juridiques sans spécification des objets ou sans limitation des sommes sur lesquelles ils devront porter, faut-il dire qu'il résulte de l'acceptation de ce mandat par le mari une autorisation tacite suffisante, et que la femme étant valablement représentée, se trouve valablement engagée envers les tiers

[1] Metz, 31 janv. 1850. — En sens contraire, Poitiers, 25 février 1825; Paris, 12 déc. 1829.
[2] *Req. rej.*, 14 déc. 1840.

à raison des actes passés par le mari en vertu d'une telle procuration?

Il est vrai qu'un pareil mandat en lui-même peut être considéré comme valable. Il est vrai encore que le mari peut autoriser sa femme à contracter avec lui, et que l'acceptation qu'il fait du mandat peut constituer de sa part une autorisation tacite; mais ce mandat, valable en lui-même, peut-il être consenti par une femme mariée : là est toute la question. Je la résous négativement. En effet, si la femme conférait à un tiers un pareil mandat, elle ne le pourrait faire qu'avec l'autorisation de son mari, et il n'est pas douteux que cette autorisation serait générale. Le mandat lui-même serait donc nul pour défaut de spécialité dans l'autorisation. Cette circonstance que dans l'espèce le mandataire est le mari lui-même, n'enlève aucune force à ce raisonnement, car elle ne change rien à la nature de l'autorisation et ne saurait par conséquent la rendre valable. Ainsi le mandat dont j'ai supposé investi le mari est complétement nul, il ne lui donne pas le droit de représenter sa femme, ni partant de l'obliger envers les tiers.

Et qu'on ne dise pas : Mais l'autorisation du mari se spécialisera toutes les fois qu'il fera un acte relatif à l'accomplissement du mandat. S'il aliène, par exemple, un des immeubles de la femme, son intervention comme mandataire à l'acte d'aliénation ne lui donnera-t-elle pas connaissance des conditions dans lesquelles elle s'accomplit, et l'acceptation du mandat, renouvelée pour ainsi dire par cet acte d'exécution, n'équivaudra-t-elle point de sa part à une autorisation spéciale?

L'argument est spécieux; malheureusement pour ses auteurs, il contient une pétition de principes. Avant de supposer que le mari exécute valablement le mandat, il faut admettre qu'il est bien et dûment mandataire; or c'est là ce qui est en question et ce que je nie pour ma part formellement.

Ce que l'on ne saurait contester, c'est qu'il est prudent, dans tous les cas, de ne point admettre ces procurations illimitées que la femme pourrait être portée à donner à son mari sans connaissance de cause et dont il serait trop facile à celui-ci d'abuser, car la faculté de les révoquer deviendrait illusoire. Mieux vaut dire avec M. Troplong que la femme doit toujours être consultée sur ses propres affaires[1], que son consentement doit être aussi spécial que l'autorisation du mari. Cela n'est pas moins logique que sage et prévoyant[2].

A peine est-il besoin d'ajouter que ces considérations ne s'appliquent nullement à l'hypothèse inverse, celle d'un mari qui donne à sa femme une procuration si large et si générale qu'elle puisse être. C'est un point que j'ai suffisamment indiqué au commencement de ce paragraphe.

110. Je puis maintenant formuler la règle générale relative à la spécialité, et je dis que l'autorisa-

[1] Cass., 18 mars 1840, Rapport de M. Troplong.
[2] Demolombe, t. IV, n° 210.

tion n'est spéciale qu'autant qu'elle est donnée pour chaque affaire, en connaissance de cause, c'est-à-dire après examen de l'époque où elle devra avoir lieu et des diverses conditions dans lesquelles elle devra s'accomplir. Il est bien entendu que je parle des conditions qui ont une certaine importance et que le mari ne sera pas tenu de connaître tous les moindres détails de l'opération [1].

111. Sinon comme toutes les règles, au dire du proverbe, du moins comme la plupart, celle de la spécialité de l'autorisation maritale subit des exceptions que je vais examiner rapidement. Ces exceptions sont au nombre de deux.

112. La première est renfermée par l'article 225 dans les termes mêmes qui expriment la règle de la spécialité. « Toute autorisation générale, dit cet article, même stipulée par contrat de mariage, n'est valable que quant à l'administration des biens de la femme. » Donc une autorisation générale suffit pour permettre à la femme les actes d'administration. Mais elle ne peut résulter que du contrat de mariage. Si les époux sont mariés sans contrat ou si celui qu'ils ont fait est muet sous ce rapport, la femme ne peut plus, pendant le mariage, recevoir de son mari une autorisation générale d'administrer ses biens personnels, mais seulement une procuration pour le faire, au nom du mari lui-même, comme je l'ai indiqué plus haut.

[1] Demolombe, IV, 207.

L'autorisation dont il s'agit peut d'ailleurs être stipulée dans tous les régimes (cbn, les art. 1387, 1534, et 1549). Elle résulte même implicitement de l'adoption du régime de séparation de biens (art. 1536), et de celle du régime dotal, du moins en ce qui touche les paraphernaux (art. 1576). Si le mari avait, par le contrat de mariage, concédé à la femme une autorisation qui embrassât d'autres actes que ceux d'administration, elle devrait être restreinte aux seuls actes de cette nature.

115. La seconde exception à la spécialité de l'autorisation regarde la femme marchande publique. Elle est contenue dans l'article 220 du Code Napoléon et reproduite à l'article 5 du Code de commerce dans les termes que voici : « La femme, si elle est marchande publique, peut, sans l'autorisation de son mari, s'obliger pour ce qui concerne son négoce, et audit cas elle oblige aussi son mari, s'il y a communauté entre eux. » Remarquons qu'il n'y a pas ici, comme on l'a dit quelquefois, une exception à la règle de l'incapacité, mais bien à celle de la spécialité de l'autorisation. La femme mariée ne peut être marchande publique qu'autant qu'elle y a été autorisée ; mais cette autorisation emporte pouvoir pour elle de s'obliger pour ce qui concerne son négoce. Là se trouve l'exception. Elle peut même, aux termes de l'article 7 du Code de commerce, hypothéquer ou aliéner ses immeubles pour ses affaires commerciales.

J'aurai occasion de revenir plus loin sur l'interprétation que doit recevoir l'autorisation donnée à la femme mariée de faire le commerce. Je me contente pour le moment d'ajouter avec l'article 220 « que la femme n'est pas réputée marchande publique si elle ne fait que détailler les marchandises du commerce de son mari, mais seulement quand elle fait un commerce séparé. » Il n'est pas nécessaire pour cela que la femme tienne boutique ouverte. Il suffit qu'elle fasse habituellement des actes de commerce (art. 1, du C. de Com.).

Enfin je ferai observer avec M. Valette que les derniers mots du premier alinéa de l'article 220 : *et audit cas*.... etc., viennent mal à propos dans cet article car ils ne décident pas une question de capacité, mais une question de régime matrimonial, et de rapports pécuniaires entre les époux. Je n'ai donc pas à m'en occuper davantage.

114. J'ai dit au commencement de ce paragraphe que la seule condition de forme requise par la loi pour la validité de l'autorisation maritale est la spécialité. Notre ancien droit français était plus exigeant. Il se contentait, il est vrai, de ce que le mari eût autorisé, de quelque manière que ce fût, sa femme à ester en jugement; mais en matière extrajudiciaire, l'autorisation devait être expresse et sacramentelle. Il ne suffisait pas qu'elle fût claire, formelle, irrécusable; il fallait, non pas seulement la chose, mais le mot lui-même : *sicut sonat*, disait Tiraqueau[1], et ce

[1] *De legib. connub.*, p. 5, gl. 7.

mot qu'aucun autre ne pouvait remplacer, sinon peut-être celui d'*habiliter* que Pothier se serait senti capable de risquer, c'était le mot *autoriser*.

115. Aujourd'hui l'autorisation donnée par le mari pour tous les actes, soit judiciaires, soit extrajudiciaires, n'a plus rien de sacramentel. Les rédacteurs du Code ont employé indifféremment et sans y attacher d'importance les mots : *consentement*, *autorisation*, dont la valeur avait fait jusque-là l'objet des plus subtiles controverses (art. 215, 226, 776, 934, 1426, 1449, 1535, du Code Nap., 4 et 5 du Code de Com.).

L'autorisation du mari n'a même plus besoin d'être expresse. Elle peut n'être que tacite, c'est-à-dire résulter implicitement de la conduite qu'il a tenue par rapport à l'acte fait par sa femme. Quelques détails sont nécessaires sur chacune de ces deux espèces d'autorisation.

116. L'article 217, qui prévoit l'une et l'autre, désigne l'autorisation expresse par ces mots : *le consentement par écrit du mari*. De là une première question : l'autorisation expresse doit-elle être nécessairement donnée par écrit ? Pourrait-elle au contraire être verbale ?

Je ne crois pas qu'il faille exagérer ici la portée des termes de l'article 217. Comment soutenir en effet que cet article exige l'écriture *ad solemnitatem*, lorsque, d'une part, le consentement du mari à l'acte passé par la femme vaut autorisation et que, d'autre part, le consentement n'est en général soumis pour sa validité à aucune formalité extrinsèque? Comment expliquer que le législateur ait en même temps admis l'autorisation tacite et rejeté l'autorisation expresse qui n'est pas donnée par écrit? N'est-il pas bien plus naturel de dire que les mots : *sans le concours du mari dans l'acte ou son consentement par écrit*, n'ont été insérés dans l'article 217 que pour bien exprimer que le concours du mari, c'est-à-dire son autorisation tacite, a la même valeur que son consentement par écrit[1]?

L'article 217 a encore une autre portée. Il proscrit la preuve testimoniale comme moyen d'établir l'existence d'une autorisation verbale et cela, quelle que soit l'importance de l'acte juridique passé par la femme, c'est-à-dire alors même que cet acte serait d'une valeur inférieure à cent cinquante francs.

117. Ici une difficulté se présente. L'article 217 repousse-t-il à ce point la preuve testimoniale en matière d'autorisation maritale, qu'elle ne puisse même pas être admise lorsqu'il y a un commencement de preuve par écrit (art. 1347), ou lorsque l'écrit qui constatait l'autorisation a été perdu par suite d'un cas fortuit ou de force majeure (art. 1348, 4°)? Je n'admettrais pas volontiers la preuve testimoniale dans le

[1] Paris, 28 juin 1851; Aubry et Rau, t. IV, § 472, notes 55 et 56. Cette interprétation de l'article 217 est conforme à celle que donnent tous les auteurs sur l'article 1582, alinéa 2, en matière de vente, sur l'article 2044 en matière de transaction et sur l'article 2085 en matière d'antichrèse.

premier cas[1]. Mais je ne dissimule pas la peine que j'aurais à la rejeter dans le second, tant me paraît favorable et digne d'intérêt la situation de celui qui demande à la faire.

118. L'autorisation verbale donnée par le mari, devra donc en général être prouvée autrement que par témoins, soit par l'aveu judiciaire (art. 1356), soit par le serment (art. 1361 et 1365) du mari ou de la femme. Mais il faut bien s'entendre sur la portée de l'un et de l'autre.

Si le mari et la femme ont tous deux avoué ou tous deux prêté ou refusé le serment, il n'y a pas de difficulté; au contraire, si l'aveu ou le serment n'émane que de l'un d'eux, il faut distinguer. Si c'est la femme qui, ayant capacité pour cela, a avoué ou juré que l'autorisation avait été donnée ou refusé de jurer qu'elle ne l'avait pas été, son existence est prouvée d'une manière absolue. Si c'est le mari, il perd désormais le droit d'attaquer l'acte passé par sa femme. Mais celle-ci ou ses héritiers n'en conservent pas moins leur action en nullité. Cette action une fois acquise à la femme ne peut pas lui être enlevée par le mari, comme je le démontrerai plus tard[2].

119. Il n'est pas douteux que l'autorisation maritale puisse être donnée par acte sous seing privé ou par simple lettre, lors même que l'acte juridique que la femme se propose de passer doit, pour sa validité,

[1] Demolombe, t. IV, n° 193.

[2] Demolombe, t. IV, 195; Contrà, Zachariæ, t. III, p. 311.

être constaté dans la forme authentique. Il ne faut pas confondre l'autorisation maritale, pure condition de capacité personnelle, avec le mandat qui, quand il a pour objet un acte pour lequel la loi exige la forme authentique, peut à la rigueur être considéré comme un des éléments de la forme de cet acte lui-même[1]. La Cour de cassation a jugé[2] à tort, que l'autorisation nécessaire à la femme pour faire une donation entre-vifs constitue un des éléments de la donation et doit être renfermée dans un acte authentique. L'art. 217 qui mentionne spécialement l'incapacité de donner, n'exige, pour que la femme en soit relevée comme de toutes les autres, que le consentement du mari.

120. La solution que je viens de donner emporte presque nécessairement celle d'une dernière question, à savoir si l'autorisation du mari doit être nécessairement énoncée dans l'acte passé par la femme. C'est un bon conseil à donner au tiers qui contracte avec elle que celui d'exiger qu'il en soit ainsi. Mais cela n'est pas indispensable, la preuve de l'autorisation pouvant être faite tout autrement que par cet acte. Ce n'était pas l'avis de Pothier, ni en général de nos anciens auteurs[3]. L'esprit de notre législation montre qu'elle a abandonné leurs errements sur ce point[4].

121. Il n'est pas douteux non plus que l'autorisa-

[1] Aubry et Rau, t. IV, § 472, note 57; Demolombe, t. IV, n° 194.

[2] *Req. rej*, 1er déc. 1846.

[3] Pothier, *Puissance du mari*, n° 72; Lebrun, *de la Comm.*, liv. II, ch. I, sect. IV, n° 17.

[4] Demolombe, t. IV, 195.

tion du mari soit parfaitement valable, quand même elle se trouverait placée au bas de l'acte, après la signature de la femme, pourvu toutefois qu'on ne prouve pas qu'elle y a été adaptée postérieurement à la confection de cet acte. Enfin, la mention faite dans l'acte que la femme est autorisée ne prouve pas plus qu'elle le soit en effet, que son absence ne prouve qu'elle ne l'est pas.

122. Le mari pourrait se trouver dans l'impossibilité absolue de manifester sa volonté par écrit ou verbalement. Rien ne s'opposerait alors à ce qu'il donnât son autorisation au moyen d'un signe ou de toute autre manière, pourvu qu'il soit éclairé et qu'on puisse d'ailleurs le bien comprendre [1].

123. L'autorisation du mari peut encore être donnée non-seulement par lui-même, mais par un mandataire, pourvu qu'elle remplisse la condition de la spécialité, telle qu'elle a été entendue plus haut. Le mandataire ne doit être, pour ainsi dire, que le *porte-consentement* du mari qui ne peut lui déléguer la moindre partie de la puissance maritale. Ainsi, je crois que le mari doit toujours déterminer dans le mandat les principales conditions de l'affaire et qu'il ne peut laisser à l'appréciation de son mandataire que les conditions de détail qui ne sont pas susceptibles d'en modifier la nature ou d'en altérer les conséquences [2].

[1] Demolombe, IV, 224.

[2] Demolombe, IV, 209. — En sens contr., Armand Dalloz, *Dict. gén.*, v° *Autor. marit.*, n° 95.

124. Passons maintenant à l'autorisation tacite. On sait qu'elle est déclarée valable et assimilée à l'autorisation expresse par l'article 217, lequel a trait à l'incapacité de la femme mariée en matière d'actes extrajudiciaires. L'article 215, relatif aux actes judiciaires, ne parle pas du *concours du mari dans l'instance* comme d'une circonstance suffisante pour habiliter la femme à ester en jugement ; mais cela ne doit pas tirer à conséquence. La différence de rédaction entre l'article 215 et l'article 217 vient de ce que l'ancien droit admettait déjà le concours du mari dans l'instance comme emportant autorisation, tandis qu'il ne reconnaissait pas d'autorisation tacite en matière d'actes extrajudiciaires. Il serait absurde de supposer que les rédacteurs du Code ont voulu se montrer, à l'inverse de l'ancien droit, plus larges là où il était plus sévère, et réciproquement plus sévères là où il l'était moins. Telle n'a pu être leur pensée et cela est si vrai, que l'article 215, dans sa rédaction primitive, portait le mot *assistance* au lieu du mot *autorisation* qui n'y a définitivement pris place que par une raison de style, pour éviter une redondance[1]. L'autorisation tacite du mari est donc suffisante pour permettre à la femme d'ester en jugement, et tout le monde convient, en effet, qu'elle est autorisée à se défendre par cela seul que son mari intente une action contre elle[2].

[1] Locré, *Lég.*, t. IV, p. 394.

[2] Merlin, *Rep.*, t. I, v° *Autor. marit.*, sect. vi, § 1; Carré et Chauveau, *Quest.* 2914; Demolombe, IV, 191; *Req. rej.*, 22 avril, 1828; Grenoble, 21 février 1852.

125. Aux termes de l'article 217, l'autorisation tacite résulte du concours du mari dans l'acte, et rien n'est plus rationnel. Mais une question se présente immédiatement à l'esprit : quand pourra-t-on dire qu'il y a eu concours du mari dans l'acte et par conséquent autorisation? C'est là une question de fait laissée à l'appréciation des tribunaux. Voyons par quelques exemples comment elle peut être résolue.

En matière judiciaire : le mari qui intente une action contre sa femme l'autorise par cela même à se défendre. Celui qui procède avec elle dans la même instance, soit comme demandeur, soit comme défendeur, ne saurait prétendre qu'il lui refuse l'autorisation d'ester en jugement.

En matière extrajudiciaire : le mari qui fait une donation à sa femme l'autorise à l'accepter, celui qui reçoit une donation à lui faite par elle, l'autorise évidemment à la faire. — Le mari qui se porte fort pour sa femme, c'est-à-dire qui s'engage à faire ratifier par elle un contrat, l'autorise par là même à faire cette ratification. — Le mari qui fait une déclaration de remploi au profit de sa femme l'autorise à accepter ce remploi. — Enfin, le mari ne peut s'obliger conjointement avec sa femme sans l'autoriser ainsi à contracter l'obligation qu'il partage avec elle.

Au contraire, on ne saurait voir un concours du mari devant emporter autorisation, dans ce fait que la femme a contracté avec un mandataire du mari, ni dans celui-ci : qu'une obligation de la femme est écrite à la suite d'une obligation du mari ou qu'elle cautionne les engagements pris par ce dernier, à moins qu'on ne suppose, par exemple, que le mari a écrit de sa main l'obligation de la femme[1].

Une croix apposée par un mari qui ne sait pas signer sur des billets souscrits par sa femme doit-elle être prise en considération? J'ai peine à croire qu'il y ait là dans tous les cas une autorisation tacite. Les tribunaux devront apprécier la question d'après les circonstances[2].

126. L'autorisation tacite donne lieu à une question plus délicate, celle de savoir si elle peut résulter d'autres faits et circonstances que du concours du mari dans l'acte, par exemple, de sa conduite personnelle, si l'on suppose qu'il a connu et toléré ou même qu'il a conseillé l'acte fait par sa femme. L'affirmative me paraît devoir être admise sans qu'il y ait lieu de distinguer entre l'autorisation pour faire le commerce et toute autre autorisation.

Cette distinction, approuvée par un certain nombre d'auteurs[3], ne me semble nullement fondée. Ce ne sont pas des arguments bien solides que ceux qu'on prétend tirer en sa faveur de l'ancien droit et des termes de l'article 5 du Code de commerce. N'est-il pas démontré que le Code a, quant à la forme de l'autorisation et aux conditions de sa validité, complé-

[1] Riom, 2 février 1810; Paris, 14 mai 1816.
[2] Paris, 13 juin 1807.
[3] Mourlon, *Rép. écr.*, t. I, p. 405; Demolombe, IV, 197.

tement abandonné les errements de l'ancien droit? Et n'a-t-on pas vu que les mots *autorisation* et *consentement* sont employés indistinctement par les rédacteurs du Code, sans qu'on en puisse induire aucune dérogation à la règle générale de l'article 217? En présence de cette règle, il faut dire que l'autorisation maritale ne peut jamais résulter tacitement que du concours du mari dans l'acte, alors même qu'elle a pour objet de permettre à la femme de faire le commerce. Ou, si l'on admet, avec presque tous les auteurs[1], que la simple tolérance du mari vaut pour la femme autorisation de faire le commerce, ce que je crois vrai, il faut généraliser cette exception et dire que le consentement tacite du mari peut résulter de circonstances autres que le concours du mari dans l'acte. Si l'article 217 a cité ce fait en particulier, ce n'est pas dans un esprit d'exclusion, mais seulement parce qu'il est en pratique le plus ordinaire et le plus significatif. Ne serait-il pas d'ailleurs souverainement injuste que le mari, après avoir, au vu et su de tout le monde, toléré certains actes de sa femme, peut-être même après les avoir conseillés dans le principe, pût venir ensuite les désavouer, lorsqu'en voyant l'issue douteuse, il le jugera conforme à ses intérêts? Ne serait-ce pas offrir de la meilleure grâce aux époux un moyen par trop facile d'abuser de la bonne foi des tiers? Ce n'est pas la peine de forcer le texte

[1] Duranton, II, 475; Pardessus, *Droit commerc.*, t. I, nos 61 et 65; Bravard, *Manuel*, p. 20. — *Req. rej.*, 27 avril 1841.

de la loi pour aboutir à de semblables résultats [1].

§ III. — *Du moment auquel doit intervenir l'autorisation du mari.*

127. Il faut que l'autorisation du mari pour être efficace soit donnée avant l'acte, ou tout au moins dans l'acte même pour lequel la femme en a besoin. Cela résulte de l'article 217 qui, d'une part, n'exige pas que le consentement par écrit soit donné avant la passation de l'acte, et, d'autre part, regarde comme suffisant le concours du mari dans ce même acte.

128. Mais, l'acte une fois passé, l'autorisation ne peut plus être donnée valablement. Cette solution est loin d'être admise par tout le monde ; elle est contestée, au contraire, par les meilleurs esprits [2]. On invoque à l'appui de l'opinion contraire plusieurs sortes d'arguments que je vais exposer en les réfutant.

C'est d'abord l'opinion unanime de nos anciens auteurs [3], argument auquel je n'ai pas besoin de m'arrêter, parce que j'ai eu déjà trop souvent l'occasion de montrer le peu d'autorité qu'on doit accorder à

[1] Aubry et Rau, t. IV, § 472, n. 60 ; — Grenoble, 14 janvier 1830 ; Bourges, 9 juillet 1831 ; Paris, 14 mai 1846 ; Paris, 25 février 1849 ; Paris, 23 août 1851 ; Paris, 9 juin 1857.

[2] Delvincourt, t. I, p. 75, n. 11 ; Proudhon, t. I, p. 466 ; Vazeille, t. II, n° 381 ; Duvergier, *sur Toullier*, II, 648, n° 1 ; Marcadé, sur l'art. 225, n° 1 ; — Riom, 23 janvier 1809 ; Colmar, 28 novembre 1816 ; Dijon, 1er août 1818.

[3] Lebrun, *de la Commun.*, liv. II, ch. I, sect. 5, nos 5-9 ; Pothier, *de la Puissance du mari*, nos 5 et 71.

l'ancien droit en ce qui concerne le détail des conditions nécessaires à la validité de l'autorisation.

On invoque en second lieu le silence de l'article 217, qui admet, dit-on, l'autorisation postérieure à l'acte, par cela seul qu'il ne la défend pas. Je réponds simplement que par cela seul aussi que l'article 217 parle d'autorisation, il ne regarde comme valable qu'un acte qui mérite ce nom, or on ne comprend pas une autorisation intervenant après coup, c'est une *ratification*.

Ce n'est pas tout : puisque la nullité de l'acte ne résulte, dit-on, que du défaut d'autorisation ou de consentement, dès que ce consentement intervient, le vice doit disparaître et l'acte devenir inattaquable, *cessante causa cessat effectus*. L'autorisation, indispensable à la femme mariée comme complément de sa capacité personnelle, ne saurait être en rien assimilée à l'*auctoritas tutoris* du droit romain. A cela j'oppose une objection. Il est vrai que si le consentement du mari se joint à celui de la femme, l'acte est valable, mais y a-t-il encore consentement de la femme au moment où intervient la ratification du mari? « A n'en pas douter, » disent mes adversaires. Puisque la femme n'a pas attaqué l'acte fait par elle, elle n'a pas retiré son consentement; c'est donc qu'elle y persévère. Je ne suis point de leur avis. Le silence de la femme ne saurait être suffisant pour affirmer cette persévérance de sa part. « Il a, dit fort bien M. Mourlon, une autre explication bien plus naturelle. La femme reste dans l'inaction, parce que, pour attaquer l'acte qu'elle a fait, il lui faudrait aller trouver son mari pour se faire autoriser à cet effet et, par suite, lui révéler le délit dont elle s'est rendue coupable envers lui en contractant à son insu et au mépris de sa puissance; or, c'est ce que, par faiblesse ou par crainte, elle n'ose point faire. » Et le judicieux auteur ajoute que la loi l'a si bien senti qu'elle a suspendu pendant le mariage au profit de la femme la prescription de l'action en nullité qu'elle lui confère. (Art. 1304.)

Quant à l'argument d'analogie qu'on prétend tirer de l'article 183, aux termes duquel le mineur qui s'est marié sans le consentement de ses ascendants ou de sa famille, perd le droit d'invoquer la nullité de son mariage, il se retourne contre ceux mêmes qui l'invoquent. En effet, une personne à qui la loi accorde un droit ou une action n'en saurait être privée sans son aveu et par le fait d'autrui; pour qu'il en soit autrement dans l'hypothèse que je viens d'indiquer, il a fallu un texte de loi qui le dise expressément. Qu'on me trouve un texte du même genre applicable à la femme mariée non autorisée, et je consens aussitôt à passer condamnation.

Reste enfin un dernier argument tiré des travaux préparatoires du Code. Le projet de l'article 217 contenait un second alinéa ainsi conçu : « Le consentement du mari, quoique postérieur à l'acte, suffit pour le valider. » Voilà, disent les adversaires, le texte que vous demandez. Il est vrai qu'il a disparu de la rédaction définitive. Mais il avait été admis par le Conseil d'État tout entier, et ce n'est que par suite d'un renvoi à la section de législation et d'un remaniement tout à fait étrangers à sa disposition qu'il s'est trouvé supprimé[1]. Je conviens que l'explication est habile, et je ne veux pas chercher jusqu'à quel point elle est plausible. Mais je dis, avec M. Demolombe, « que les arguments tirés des travaux préparatoires ne sont pas nécessairement décisifs, surtout lorsqu'ils ne s'accordent pas avec les textes mêmes, tels qu'ils ont été finalement votés, ni avec les principes généraux du droit. » Or, c'est précisément le cas de la question actuelle.

129. Il est donc impossible d'admettre la validité de l'autorisation maritale intervenue après coup. A plus forte raison faut-il dire que le mari ne pourrait pas forcer sa femme à subir les conséquences de l'acte par elle fait sans autorisation, si elle avait retiré son consentement avant qu'il ne l'eût lui-même ratifié. De même la ratification intervenue après la mort de la femme ne saurait enlever à ses héritiers l'action en nullité qui leur appartient. Les adversaires de la doctrine que je viens d'exposer ne contestent eux-mêmes ni l'un ni l'autre de ces deux points.

130. Le seul résultat de mon système est de permettre à la femme qui a contracté sans autorisation d'exercer encore son action en nullité malgré la ratifi-

[1] Fenet, t. IX, p. 74-76 ; Locré, t. IV, p. 394.

cation du mari. Je ne parle que de la femme, car il est bien évident que cette ratification du mari produit son effet du moins quant à lui; elle emporte renonciation de sa part à cette même action en nullité qui lui appartient en vertu de la loi. Il est libre de disposer à son gré de cette action et par conséquent d'y renoncer : mais il ne peut disposer de celle de sa femme, laquelle reste complétement indépendante de la sienne propre. On ne saurait l'admettre sans entrer en contradiction avec l'article 1428, au moins pour le cas où l'acte fait par la femme et dont elle peut invoquer la nullité, a pour objet l'engagement ou l'aliénation d'un de ses immeubles. C'est encore là un argument en faveur de ma doctrine.

J'en veux ajouter un dernier, bien que cela me paraisse superflu : il est fondé sur la disposition de l'article 1304, aux termes duquel l'action en nullité de la femme ne commence à se prescrire qu'après la dissolution du mariage. Si l'on admet, ce que je crois vrai, bien que cela soit sujet à controverse, que la même action en nullité se prescrit aussi contre le mari par dix ans, mais à partir du jour où il a eu connaissance de l'acte fait sans autorisation, on arrive, dans le système de mes adversaires, à cette conséquence singulière que l'expiration de ce dernier délai emportant ratification tacite de la part du mari, emporte du même coup prescription de l'action en nullité qui appartient à la femme. N'est-ce pas la violation évidente de l'article 1304 ?

131. Je m'arrête sans rien dire des rapports qu'on voudrait trouver entre la solution de cette difficulté et celle de la question de savoir quel est au juste le fondement de l'incapacité de la femme mariée, persuadé que je suis de la conformité de ma doctrine avec toutes les opinions qu'on peut admettre sur ce dernier point. Il est donc incontestable que la ratification d'un acte fait par la femme non autorisée ne serait possible pendant le mariage qu'autant qu'elle émanerait, soit des deux époux ensemble, soit au moins de la femme autorisée par son mari [1].

CHAPITRE V

DE L'AUTORISATION DE JUSTICE.

§ Ier. — Des cas où la justice est appelée à exercer le droit d'autorisation.

132. En thèse générale, l'autorisation doit émaner du mari. Ce n'est que pour cause de refus ou d'impossibilité de la part de ce dernier que la justice peut donner à la femme l'autorisation qui lui est nécessaire.

133. Il va de soi que le mari à le droit de refuser à

[1] Merlin, *Rép.*, t. I et t. XVI, v° *Aut. marit.*, sect. VI, § 3, n° 2. Toullier, II, 648; Duranton, II, 518; Valette, *sur Proudhon*, t. I, p. 467, n. 6; Demolombe, IV, 211; Mourlon, *Rép. écr.*, t. I, p. 102. — Rouen, 18 nov. 1825, *Req. rej.*, 12 février 1828; Grenoble, 26 juillet 1828. Cass., 26 juin 1839; Paris, 25 février 1849 et 12 mai 1859.

sa femme l'autorisation. Il serait ridicule de forcer celle-ci à la lui demander, si elle devait lui être nécessairement accordée. Mais la loi a dû prévoir les refus injustes et obvier aux inconvénients qui résulteraient pour la femme du mauvais vouloir de son mari. C'est ce qu'elle a fait en donnant au juge le droit d'autoriser la femme au refus de ce dernier. (Art. 218.)

154. L'impossibilité pour le mari d'autoriser lui-même sa femme résulte de certaines circonstances soit d'un ordre physique, soit d'un ordre purement légal, que je vais énumérer successivement. C'est :

155. 1° *L'absence du mari*. (Art. 222.) — Cela doit s'entendre non-seulement de l'absence déclarée ou présumée du mari, mais encore de sa non-présence. C'est ce qui résulte de la discussion qui eut lieu au conseil d'État sur l'article 222. Cependant les auteurs sont divisés sur le point de savoir si, dans le cas de simple non-présence, la femme devra attendre le retour du mari, ou lui demander son autorisation par lettre ; ou si elle pourra, au contraire, passer outre et s'adresser à la justice. Je crois pour mon compte que c'est là une question de fait pour la solution de laquelle on ne peut tirer argument de l'article 863 du Code de procédure. Si la femme peut attendre la décision de son mari sans compromettre ses intérêts, il faut exiger qu'elle la lui demande ; si au contraire le mari est trop éloigné pour qu'elle puisse recevoir à temps son consentement, on doit lui permettre de s'adresser directement à la justice, qui appréciera

d'abord les circonstances de la demande et ensuite l'opportunité qu'il y a d'y faire droit. *Malitiis non est indulgendum* voilà la seule règle à observer sous ce rapport : tel était le sentiment de Pothier [1].

136. 2° *Interdiction du mari.* (Art. 222.) — L'interdiction du mari doit nécessairement lui enlever le droit de conférer une capacité dont on juge prudent de le priver lui-même. Mais si le mari n'avait pas été interdit, l'autorisation par lui donnée serait-elle valable, quel qu'ait été à l'époque où elle remonte l'état de ses facultés intellectuelles? Je ne le pense pas. Il est vrai que l'article 222 ne parle que du cas où le mari est interdit; mais il n'est pas besoin d'un texte formel pour dire que le consentement du mari exigé par la loi doit être avant tout, pour sa validité, soumis aux règles du droit commun. On peut donc, bien que l'interdiction du mari n'ait été ni prononcée, ni même provoquée, demander, pour cause de démence, la nullité de l'autorisation par lui accordée, en prouvant qu'il était, au moment où elle est intervenue, privé de l'usage de ses facultés intellectuelles [2]. Quant aux tiers qui auraient traité avec la femme pourvue d'une semblable autorisation, il faut leur tenir compte de leur bonne foi, s'il y a lieu, et ne leur appliquer la

[1] Pothier, *Puissance du mari*, n° 12; *Introd. au titre X de la cout. d'Orléans*, n° 149. — Voir en sens divers, Marcadé, sur l'art. 222; Aubry et Rau, t. IV, § 472, n. 34; Demolombe, IV, 214; Mourlon, *Rép. écr.*, t. I, p. 596.

[2] Valette, *sur Proudhon*, t. II, p. 540; Aubry et Rau, t. I, § 127, n. 10; Demolombe, IV, 225.

nullité qu'autant qu'ils ont connu la situation du mari. —Si l'autorisation n'était attaquée pour cause de démence qu'après la mort du mari, il y aurait lieu alors à l'application de l'article 504.

On fait remarquer avec raison que l'interdiction du mari peut amener une situation assez singulière dans le cas où c'est la femme qui devient sa tutrice (art. 507). Elle peut faire alors sans autorisation toute espèce d'actes permis aux tuteurs, non-seulement quant aux biens personnels du mari, mais encore quant aux biens de la communauté ou à ses biens personnels qu'elle peut administrer en sa qualité de tutrice, si les conventions matrimoniales en avaient attribué au mari la jouissance et l'administration. Mais elle conserve d'ailleurs sa qualité de femme mariée, et toutes les fois qu'elle veut agir comme telle, il lui faut l'autorisation de justice tout comme si elle n'était pas tutrice de son mari.

157. Le mari doit le plus souvent être considéré comme incapable d'autoriser sa femme lorsque, sans être interdit, il est placé dans une maison d'aliénés, conformément à la loi du 30 juin 1838. Je ne me sers pas ici de termes absolus, parce que ce seul fait qu'une personne est placée dans une maison d'aliénés n'emporte pas contre les actes passés par elle une présomption absolue d'incapacité. L'article 39 de la loi de 1838, à la différence de l'article 502 C. N., dit que ces actes pourront être attaqués pour cause de démence[1].

[1] Demolombe, IV, 225. — En sens contr., Aubry et Rau, IV, § 472, n. 35.

138. 3° *Condamnation du mari à une peine afflictive et infamante* (art. 121). — Le mari frappé d'une semblable condamnation est tout à la fois indigne et physiquement incapable d'autoriser sa femme.

On se demande si la dégradation civique est une des peines qui entraînent par elles-mêmes déchéance des droits attachés à la puissance maritale. La négative résulte, à n'en pas douter, de la nature même de la dégradation civique et de la combinaison des articles 121 du Code Napoléon et 34 du Code pénal. Ce dernier article ne met pas la déchéance dont il s'agit au nombre de celles que produit la dégradation civique, et ces mots de l'article 221 : *pendant la durée de la peine*, indiquent qu'elle ne doit pas être perpétuelle, tandis que la dégradation civique elle-même est perpétuelle, et que toutes les peines afflictives ou infamantes emportent la dégradation civique (art. 8 du Code pénal)[1]. Il résulte, au contraire, du rapprochement des articles 8 et 32 du Code pénal que l'article 221 s'applique au bannissement, peine infamante et temporaire.

139. Cet article 221 soulève une autre difficulté résultant de ces mots : *encore que la condamnation n'ait été prononcée que par contumace ;* car, aux termes de l'article 476 du Code d'instruction criminelle, le fait seul de la représentation du contumax anéantit l'arrêt de condamnation, d'où il suit que jusque-là il ne subit

[1] Valette, *sur Proudhon*, t. I, p. 470, n. *a*.; Aubry et Rau, IV, § 472, n. 57; Demolombe, IV, 216. — *Contra* Delvincourt, I, p. 164.

point sa peine. Le seul moyen d'expliquer les expressions de l'art. 221, c'est de les entendre en ce sens que la déchéance prononcée contre le mari est encourue par lui pendant la durée de la contumace, prenant ainsi pour la durée de la peine le temps que le condamné par contumace met à la prescrire[1].

140. 4° *Minorité du mari* (art. 224). — J'ai eu l'occasion de citer un passage de Pothier qui montre que le mari, même mineur, pouvait autoriser sa femme dans l'ancien droit, et qui l'explique en donnant pour fondement unique à l'autorisation l'intérêt de la puissance maritale. Mais j'ai dit qu'aujourd'hui l'incapacité de la femme mariée a aussi pour base la surveillance et la protection que le mari doit aux intérêts matrimoniaux, et c'est pourquoi elle n'est plus remise à la discrétion de ce dernier quand il est mineur, et, par conséquent, présumé incapable de les exercer. « Comment, disait M. Portalis, le mari pourrait-il autoriser les autres, quand il a lui-même besoin d'autorisation[2] ? »

141. Le mari mineur est émancipé par le mariage et, par conséquent, capable de traiter certaines affaires par lui-même et sans l'assistance de son curateur. Tout le monde admet que, pour ces mêmes affaires, il peut aussi autoriser sa femme. Cette exception à l'article 224 résulte du principe même sur lequel repose la disposition de cet article, mais elle a peu d'im-

[1] Valette, *sur Proudhon*, I, p. 71; Demolombe, IV, 218.
[2] Locré, *Lég.*, t. IV, p. 524, n° 68.

portance pratique. En effet, les actes que le mari, mineur émancipé, peut faire seul sont les actes d'administration ; or, si l'administration des biens personnels de sa femme lui revient en vertu des conventions matrimoniales, il y pourvoira lui-même ; si c'est à sa femme qu'elle appartient, celle-ci n'aura pas besoin d'autorisation pour l'exercer. La même observation s'applique aux actions mobilières ou possessoires que le mineur émancipé peut intenter et auxquelles il peut défendre sans l'assistance de son curateur (arg. des art. 482 et 1428), mais dont l'exercice lui appartient le plus souvent pendant le mariage. Si cependant l'exercice en appartenait à la femme, comme sous le régime de séparation de biens ou sous le régime dotal, lorsqu'il y a des paraphernaux, on pourrait trouver à appliquer notre exception. Encore est-on loin de s'entendre sur le point de départ, c'est-à-dire sur la capacité du mineur émancipé en ce qui concerne l'exercice des actions mobilières et possessoires[1].

142. 5° *Le mari est pourvu d'un conseil judiciaire.* C'est alors la justice qui doit autoriser la femme pour tous les actes qui rentrent dans la catégorie de ceux pour la validité desquels le mari doit être assisté de son conseil. La loi ne le dit pas expressément, mais cela est tout à fait conforme à son esprit. On ne saurait admettre que le mari puisse autoriser sa femme à passer un acte qu'il est incapable de faire lui-même[2].

[1] Aubry et Rau, t. I, § 132, n. 13 à 16 ; Demolombe, IV, 221.
[2] Aubry et Rau, t. IV, § 472, n. 40 ; Demolombe, IV, 226.

Il faut rejeter également une opinion intermédiaire admise par un arrêt de la Cour de Paris[1], et d'après laquelle le mari pourvu d'un conseil judiciaire serait néanmoins capable d'autoriser sa femme, mais seulement avec l'assistance de son conseil[2]. Il est trop clair que la loi n'a voulu permettre à personne de s'ingérer dans les affaires du ménage et dans celles de la femme, sinon au mari et, à son défaut, à la justice. On peut citer, d'ailleurs, d'autres hypothèses dans lesquelles la loi ne parlant que de l'interdit, tout le monde convient cependant qu'il faut lui assimiler le pourvu d'un conseil judiciaire, par exemple, lorsqu'il s'agit de l'incapacité de faire partie d'un conseil de famille (art. 442)[3].

143. On s'est demandé si la circonstance que le mari est en prison pour dettes suffit pour motiver l'intervention de la justice en matière d'autorisation. Il faut répondre négativement : la disposition exceptionnelle de l'article 1427 n'a trait qu'à une question de régime, et ne modifie en rien le principe de l'incapacité de la femme mariée, c'est donc, en règle générale, le mari qui devra autoriser sa femme, même dans les hypothèses prévues par cet article.

144. Il en est de même des diverses situations légales dans lesquelles se trouve la femme. Il en peut bien résulter quelque obstacle à l'exercice de la puissance

[1] Paris, 27 août 1855.

[2] M. Magnin, *des Minorités*, I, 909.

[3] Aubry et Rau, t. I, § 92, n. 7 et 11.

maritale, mais elles ne nécessitent pas pour cela l'autorisation de justice.

1° Et d'abord, *si la femme est mineure*, l'autorisation du mari (il est bien entendu que je le suppose majeur) lui est nécessaire pour toute espèce d'actes. Comme elle est de plus émancipée par le mariage, et que le mari est de droit le curateur de sa femme mineure, cette autorisation suffit pour tous les actes qu'un mineur émancipé peut faire avec la seule assistance de son curateur (arg. des art. 506 et 2208). Quant aux autres actes, il faudra de plus à la femme, comme à tout autre mineur émancipé, l'autorisation du conseil de famille et même l'homologation du tribunal (art. 383 et 384). Enfin, si le mari est lui-même mineur, le tribunal désigne alors à la femme un curateur pour chaque affaire ou curateur *ad hoc* (arg. de l'art. 2208, al. 3), l'état d'une femme en puissance de mari ne comportant pas l'établissement d'une curatelle permanente et générale.

145. 2° *Si la femme est interdite*, il n'est plus question d'autorisation, puisqu'elle devient tout à fait incapable de faire aucune espèce d'actes. De deux choses l'une, ou le mari sera, conformément à l'article 506, le tuteur de sa femme, et alors il la représentera dans tous les actes de la vie civile, comme un tuteur représente son pupille ; ou le mari, se trouvant excusé, exclu ou destitué de la tutelle, la femme aura un tuteur étranger dont les pouvoirs se trouveront déterminés par les règles ordinaires de la tutelle (art. 509).

Or, on ne saurait, sans porter à ces règles une grave atteinte, forcer le tuteur à demander, le cas échéant, l'autorisation du mari ou de justice. Cette autorisation n'a plus alors de raison d'être ni dans le respect de la puissance maritale, puisque la femme n'agit pas elle même; ni dans la protection due aux intérêts matrimoniaux, puisqu'il y est pourvu par les restrictions que la loi apporte aux pouvoirs de tous les tuteurs.

146. 3° Enfin, *la nomination d'un conseil judiciaire à la femme* ne porte aucune atteinte à l'autorité maritale, et la laisse subsister dans toute sa force pendant le mariage. C'est ainsi que s'exprime avec raison un arrêt de la cour de Montpellier [1]. Cela suppose, comme le dit fort bien M. Demolombe, que l'autorisation du mari est alors requise concurremment avec l'autorisation du conseil, et j'avoue ne pas voir, ainsi que l'éminent jurisconsulte, ce qu'il y a de difficile à faire marcher de front ces deux ordres de conditions [2].

§ II. — De cas dans lesquels l'autorisation du mari ne peut pas être suppléée par celle de justice.

147. L'autorisation de la justice ne peut pas toujours remplacer celle du mari. Cela se présente dans quatre cas, dont les trois premiers ne donnent lieu à aucune contestation. C'est :

[1] Montpellier, 14 déc. 1811.

[2] Sur ces différents points, voir Mourlon, *Rép. écr.*, t. I, p. 397, n. 2; Aubry et Rau, t. IV, § 472, et t. I, § 131, n. 2; Demolombe, IV, 229.

1° Lorsqu'étant mariée sous un autre régime que la séparation de biens, la femme veut accepter une exécution testamentaire (art. 1029). Cela tient à la nature toute spéciale du mandat conféré à l'exécuteur testamentaire; celui-ci n'est pas choisi par les héritiers dont il est appelé à gérer les affaires, et il ne peut être révoqué par eux que pour des motifs graves. La loi veut que son intervention forcée soit soumise à une garantie sérieuse et efficace. Or, l'autorisation de justice ne peut porter atteinte à la jouissance des biens de la femme, qui appartiendrait au mari en vertu du contrat de mariage. La loi a pensé que les héritiers ne trouveraient pas une garantie suffisante dans la nue propriété de ces biens. De là la disposition de l'article 1029.

148. Du motif qui a décidé le législateur, il résulte que l'autorisation de justice peut habiliter la femme à accepter une exécution testamentaire, lorsque la jouissance de ses biens n'est pas réservée au mari. C'est ce qui arrive lorsque la femme est séparée de biens, ou lorsque, mariée sous le régime dotal, elle n'a que des biens paraphernaux, ou même lorsque sous tout autre régime elle a conservé la jouissance d'une partie suffisante de ses biens pour assurer une garantie efficace aux parties intéressées [1].

149. 2° Lorsque la femme veut faire un compromis; car on ne peut compromettre sur aucune des contestations qui sont sujettes à communication au ministère

[1] Troplong, *Donat.*, IV, 2015; Demolombe, IV, 227.

public, (art. 1004 du Code de procédure), et les causes des femmes non autorisées de leur mari sont de cette nature (art. 83, 6°, du Code de procédure).

150. 3° Lorsque, mariée sous le régime dotal, elle veut donner ses biens dotaux pour l'établissement des enfants communs (art. 1556). C'est là une exception qui sous tous rapports doit être interprétée restrictivement. Ainsi l'autorisation de justice serait suffisante, si la donation des biens dotaux devait avoir lieu au profit des enfants que la femme aurait d'un mariage antérieur (art. 1555), ou si elle portait sur les biens paraphernaux, s'adressât-elle alors aux enfants communs, ou enfin si les époux n'étaient pas mariés sous le régime dotal.

151. 4° Lorsqu'il s'agit pour la femme de faire le commerce. Telle est l'opinion que je crois devoir admettre sur cette question de tout temps fort controversée; et cela sans distinction. La justice ne peut jamais autoriser la femme à faire le commerce, ni en cas de refus, ni en cas d'absence ou d'incapacité du mari, ni sous le régime de la communauté, ni lorsqu'il y a séparation de biens entre les époux ou même séparation de corps et de biens. Aucune de ces distinctions ne me paraît acceptable, parce qu'aucune n'est suffisamment fondée en droit, si raisonnable qu'elle soit d'ailleurs, et si conforme qu'elle puisse paraître aux intérêts bien entendus de la femme et de l'association conjugale.

La seule théorie soutenable à l'encontre de celle

que j'admets, et en présence de laquelle j'ai parfois hésité, je l'avoue, est une théorie radicale. Personne ne l'a jamais embrassée jusqu'ici dans les longues et vives discussions que ce point a soulevées en doctrine aussi bien qu'en jurisprudence. Elle consisterait à admettre dans tous les cas la possibilité d'une autorisation de justice pour habiliter la femme à faire le commerce. On ne peut se dissimuler tout ce qu'il y a de force dans ce seul argument ; qu'après tout on ne trouve dans la loi aucun texte qui prononce formellement une dérogation au droit commun dans la matière qui nous occupe ; que les rédacteurs du Code, on est forcé de l'avouer, ont employé le plus souvent les mots *autorisation* ou *consentement* sans y attacher aucune signification particulière ayant une importance pratique, et que, dans ces conditions, c'est chose grave que de mettre une barrière entre la femme et la justice à laquelle elle prétend avoir recours. Mais c'était le cas de me rappeler ce précepte que j'entendais sortir un jour de la bouche de mon savant maître M. Bugnet enseignant à son cours une doctrine qu'il tient pour bonne et juridique bien qu'elle soit abandonnée aujourd'hui par tout le monde : c'est que le plus souvent, quand on est seul, on est bien près d'avoir tort. Quoi qu'il en soit, j'avais d'autres raisons pour prendre un parti différent.

En effet, les termes de l'article 220 du Code Napoléon et ceux de l'article 4 du Code de commerce doivent être pris en considération, quoi qu'on puisse alléguer sur l'indifférence avec laquelle ils auraient été employés. Les dispositions qui admettent l'autorisation de justice comme pouvant suppléer celle du mari (art. 218, 219, 221, 222, 224 du C. N., 861 du C. de pr.) ne font pas la moindre allusion au cas où la femme veut faire le commerce. Il ne fut rien dit de l'autorisation de justice dans la discussion de l'article 4 du Code de commerce ; l'intention des rédacteurs parut bien être au contraire que le commerce de la femme fût toujours autorisé par le mari.

Enfin il y aurait des inconvénients tellement graves à permettre que la justice intervînt ici à la place du mari, que ce dernier argument seul suffirait à me faire reculer devant tout système qui admet une telle intervention. Comment! la femme pourrait sans l'aveu de son mari et même contre son gré tenir boutique ouverte, souscrire les engagements commerciaux les plus compromettants, exposer non seulement sa fortune et celle de ses enfants, mais encore sa personne, affronter la contrainte par corps, la faillite, la banqueroute même! Il y a là une capacité tellement étendue que, comme l'a dit Demante, « elle soustrait sous certains rapports la femme à la puissance maritale.» On a beau me dire que la justice n'autorisera la femme qu'à bon escient; je réponds qu'il y a mille circonstances bonnes à justifier le refus du mari qu'elle ne pourra connaître qu'imparfaitement; qu'il y a mille susceptibilités fort légitimes dont elle sera moins vivement touchée ; enfin que, séduite peut-être par des chiffres, elle sera trop facilement portée à faire au nom du mari le sacrifice d'une partie de cette puissance que la loi a établie pour être la sauvegarde des intérêts moraux et pécuniaires de la famille[1].

152. La justice qui ne peut pas autoriser la femme à faire le commerce, ne peut pas davantage l'autoriser à le *continuer*, si le mari vient à révoquer le consentement qu'il lui avait donné d'abord à cet effet. Le contraire a été décidé à tort par un arrêt de la cour de Paris fameux en cette matière[2]. Je sais bien que toutes les circonstances de fait étaient favorables à la femme, mais c'était le cas de dire : *dura lex, sed lex*. Il n'y a aucun argument à tirer d'une rédaction proposée par M. Regnault dans le conseil d'État, d'après laquelle la femme pouvait réclamer devant les tribunaux contre le retrait par son mari de l'autorisation de faire le commerce; si bien accueillie qu'ait été cette disposition, elle ne se retrouve pas dans la loi et on ne peut l'y suppléer.

J'admettrais seulement que si la révocation du mari est faite d'une manière brusque et intempestive, dans l'intention de nuire à la femme, la justice aura le droit d'intervenir et de l'autoriser à continuer son

[1] Pardessus, *Droit commerc.*, t. I, 65; Bravard, *Manuel de dr. com.*, p. 18 et 20; Aubry et Rau, t. IV, § 472, note 49; Demolombe, t. IV, 148. — En sens contraire, Duranton, t. II, 478; Marcadé, sur l'art. 220, n° 1.

[2] Paris, 24 octobre 1844.

commerce pour terminer les opérations commencées et attendre une époque plus favorable à sa cessation. Il n'y a pour ainsi dire alors qu'une interprétation de la volonté du mari[1].

153. M. Demolombe pense avec raison que la justice ne pourrait pas non plus, malgré le mari, autoriser la femme à publier des œuvres littéraires ou à faire représenter des œuvres dramatiques, parce que c'est la direction morale de la famille bien plutôt qu'un intérêt pécuniaire qui est alors en question[2].

154. Quant à la question de savoir si l'autorisation du mari suffit pour habiliter la femme, même mineure, à faire le commerce, je crois qu'il faut la résoudre négativement, mais je n'ai pas à m'en occuper davantage, parce qu'elle ne rentre pas directement dans les limites de mon sujet.

§ III. — De la compétence du tribunal qui doit accorder l'autorisation, et de la procédure qu'il faut suivre pour l'obtenir.

155. I. La compétence du tribunal appelé à autoriser la femme varie suivant qu'il s'agit d'une autorisation pour contracter ou d'une autorisation pour plaider.

156. C'est au tribunal civil de première instance de l'arrondissement du domicile commun, c'est-à-dire du domicile du mari, que la femme doit, dans tous les cas, demander l'autorisation de contracter (art. 219

[1] Demolombe, t. IV, 321 : Toullier, t. XII, 257-259 ; Locré, *Lég.*, t. XVII, p. 151 et suiv.

[2] Demolombe, t. IV, 218 bis.

et 108, cbn.). Cette règle ne souffre d'exception qu'en cas de séparation de corps. En effet, il est généralement admis que la femme peut avoir alors un domicile distinct de celui du mari. On ne peut donc plus s'adresser au tribunal de l'arrondissement du domicile commun, et l'autorisation doit être demandée à celui du domicile de la femme. Je crois même, avec M. Valette, qu'il n'y a pas à distinguer si le mari doit être appelé ou non, puisque après tout, comme le dit le savant professeur, le fond de l'affaire n'est pas un procès entre les époux, mais un acte de la juridiction volontaire ou gracieuse sollicité par la femme et pour lequel le mari n'est appelé qu'incidemment [1].

157. La même règle et la même exception doivent s'appliquer lorsque la femme sollicite de la justice l'autorisation de plaider comme demanderesse. L'article 218 du Code Napoléon et l'article 861 du Code de procédure sont muets sur ce point, et l'on ne saurait à coup sûr tirer de leur silence une conclusion plus raisonnable et plus conforme à l'esprit de la loi [2].

158. Ce que je viens de dire se réfère au cas où la femme veut plaider comme demanderesse en première instance. Que faut-il décider lorsqu'elle veut interjeter appel devant la Cour impériale? C'est à cette Cour elle-même qu'elle en doit demander l'autorisation. Il serait plus facile sans doute de s'adresser encore au

[1] M. Valette, *Expl. som. du liv. I du C. Nap.*, p. 122; Demolombe, t. IV, 254 bis; Lyon, 4 juin 1841.

[2] Demolombe, t. IV, 254.

tribunal de première instance, mais un motif d'ordre public s'y oppose. En effet, ou bien ce tribunal serait celui-là même qui a rendu le jugement, et il y aurait dérision ou tout au moins inconvenance à venir lui demander la permission de le faire réformer; ou bien ce serait un tribunal différent, et il serait contraire à l'ordre des juridictions de lui donner le droit de décider si la sentence d'un tribunal du même degré a quelque chance d'être modifiée par le contrôle d'une juridiction supérieure [1].

La même question se présente lorsqu'il s'agit pour la femme de se pourvoir en cassation contre un arrêt de Cour impériale. Le silence de la loi est aussi complet, les raisons de décider sont les mêmes, il faut dire en conséquence que c'est à la Cour de cassation que la femme devra s'adresser pour obtenir l'autorisation de former son pourvoi [2].

159. Reste le cas où la femme est défenderesse devant un tribunal de quelque juridiction qu'il soit. Ici encore, silence absolu de la loi. Mais de la nature même de l'autorisation qui ne fait point l'objet d'un débat *particulier et préalable*, on doit conclure que c'est au même tribunal ou plus généralement à la même juridiction devant laquelle la femme est appelée à compa-

[1] Carré, 2910; Demolombe, t. IV, 262; *Req. rej.*, 2 août 1853. On trouve cependant en sens contraire quelques arrêts de Cours impériales.

[2] Demolombe, t. IV, 263. — La Cour de cassation a cependant rendu plusieurs arrêts d'après lesquels l'autorisation est valablement donnée à la femme par le tribunal du domicile du mari.

raître pour se défendre, qu'il appartient de l'autoriser à cet effet. Il n'y a là qu'un simple incident, une sorte de formalité accessoire de la cause principale. Ainsi l'autorisation d'ester en jugement comme défenderesse pourra être donnée à la femme, suivant les circonstances, par un tribunal de première instance, par une Cour impériale, par la Cour de cassation, par un tribunal de commerce, et même par un juge de paix[1].

160. II. Parcourons maintenant rapidement les diverses formalités de la procédure en autorisation. Elles sont indiquées dans les articles 861 à 864 du Code de procédure.

161. L'article 861 porte une première exception aux règles générales de la procédure. En matière d'autorisation, tout doit se passer dans la chambre du conseil, par conséquent sans publicité. Cela s'explique facilement par la nature du débat et par le but que la loi se propose d'atteindre, la conciliation des époux.

Les auteurs ne sont pas d'accord sur l'étendue qu'il faut donner à cette exception. Les uns veulent que le jugement soit tout au moins rendu à l'audience publique. Les autres pensent que les conclusions du ministère public doivent elles-mêmes y être prises. Quelques-uns enfin, et c'est à l'opinion de ces derniers que je crois devoir me ranger, tiennent que tout doit se passer dans la chambre du conseil : explications des époux, plaidoiries des avocats, s'il y en a, rapport du juge

[1] Merlin, *Rép.*, t. XVI, v° *Autorisation maritale*, sect. VIII, n° 7; Demolombe, t. IV, 266; Chauveau, 2910 ter.

commis, conclusions du ministère public et enfin jugement. L'article 861 emporte selon moi toutes ces dérogations au droit commun. « Cette procédure, disait M. Berlier dans la discussion du Code de procédure sera non-seulement sommaire, mais exempte d'une publicité que la qualité des parties et la nature des débats rendraient toujours fâcheuse. Ce sera à la chambre du conseil que le mari sera cité, que les parties seront entendues et que le jugement sera rendu sur les conclusions du ministère public. » Le véritable esprit de la loi est clairement indiqué par ces paroles[1].

162. De ce que la procédure d'autorisation est tout exceptionnelle et se passe entièrement en la chambre du conseil, il suit que le ministère des avoués y est seulement facultatif. Mais il n'en faut pas conclure qu'il soit défendu aux époux, non plus que celui des avocats. Aucun texte ne justifie une pareille dérogation au droit commun. La présence d'un avocat ou d'un avoué sera le plus souvent fort utile aux époux et facilitera la bonne administration de la justice.

163. Quant aux différents actes de la procédure en autorisation, depuis la sommation faite par la femme au mari jusqu'au jugement, je n'ai pas besoin de les énumérer ici; il suffit pour les connaître de

[1] Locré, *Leg. civ.*, t. XXIII, p. 152; Merlin, *Rép.*, t. XVI, v° *Autorisation maritale*, sect. VIII, n° 2 bis; Carré et Chauveau, 2925; Demolombe, t. IV, 256. — Riom, 29 janvier 1829; Bordeaux, 27 janv. 1831. — Voir en sens contraire, Marcadé, sur l'art. 219, n° 2; de Belleyme, *Ordon. de réf.*, t. I, p. 427; Berriat Saint-Prix, t. II, p. 667, ainsi qu'un certain nombre d'arrêts.

recourir aux articles déjà indiqués du Code de procédure (art. 861-864).

Mais il peut s'élever des doutes sur la question de savoir si ce mode de procéder doit être suivi dans tous les cas.

164. Et d'abord les articles 861 et suivants ne visent que la seule hypothèse où la femme veut *se faire autoriser à la poursuite de ses droits*, c'est-à-dire ester en jugement. Doivent-ils encore s'appliquer lorsqu'elle veut obtenir l'autorisation de justice à l'effet de contracter? Ne faut-il pas plutôt s'en tenir alors à l'article 219 qui prévoit le cas où le mari refuse d'autoriser sa femme *à passer un acte*, et dire que le Code de procédure n'a fait que régler un point sur lequel ne s'était pas expliqué le Code Napoléon. Si on l'admettait, la femme qui demande l'autorisation de contracter pourrait citer directement son mari sans aucune sommation, requête, ni ordonnance préalable. Mais je crois que ce serait là poser en principe une distinction par trop subtile. Il faut plutôt appliquer ici cette règle d'interprétation : *Posteriora derogant prioribus.* J'y suis d'autant plus porté, pour ma part, qu'il n'y a aucune bonne raison de distinguer entre les deux cas, et que le mode de procéder indiqué par l'article 861 est plus conforme à cette idée d'un certain respect qui doit toujours présider aux rapports de la femme avec son mari, même devant la justice [1].

[1] Merlin, *Rép.*, t. I, v° *Autorisation maritale*, sect. VIII, n° 2; Proudhon et Valette, t. I, p. 469, Note A; Marcadé, sur l'art 319, n° 2;

165. Autre question : si le mari est mineur, faut-il que la femme lui fasse une sommation ? Non, évidemment, puisqu'il ne peut ni accorder, ni par conséquent refuser son autorisation. Doit-il être appelé en la chambre du conseil? Cela peut être utile mais ne me paraît pas indispensable à peine de nullité de la procédure, parce que, d'après le Code de procédure, la citation du mari en la chambre du conseil n'est que la conséquence de son refus d'obtempérer à la sommation à lui adressée [1]. Il faut décider de la même manière si le mari est pourvu d'un conseil judiciaire, du moins en ce qui concerne la comparution à la chambre du conseil. Quant à la sommation, il résulte de ce que je viens de dire qu'elle sera seulement exigée lorsque la femme voudra se faire habiliter à des actes pour lesquels il ne faut point au mari l'assistance de son conseil. Il est bien entendu qu'il n'y a lieu ni à la sommation ni à la comparution dont il s'agit, lorsque le mari est interdit ou condamné à une peine afflictive ou infamante (art. 864 du C. de pr. et 221 du C. N.) [2].

166. On a vu que la femme qui veut plaider en appel doit y être autorisée par la Cour impériale. Il faut suivre alors devant cette Cour les mêmes formes qu'en première instance. Les motifs sont les mêmes

Demolombe, t. IV, nº 250. — En sens contr., Carré et Chauveau. 2917.

[1] Carré, 2925 ; Vazeille, t. II, nº 348 ; Demolombe, t. IV, 253.

[2] Demolombe, t. IV, 253.

et, d'après l'article 470 du Code de procédure, les règles établies pour les tribunaux inférieurs doivent être observées dans les Cours impériales, à moins qu'il n'y ait été formellement dérogé [1].

167. Enfin les règles établies au Code de procédure ne peuvent trouver leur application lorsque la femme est défenderesse. C'est alors au tiers demandeur qu'il appartient d'assigner lui-même le mari, afin de le mettre en demeure d'autoriser sa femme. Que si ce dernier refuse ou fait défaut, le tribunal accorde l'autorisation sur les conclusions du demandeur. Ce n'est là qu'une simple formalité [2].

§ IV. — Des conditions requises pour la validité de l'autorisation de justice, et du moment où elle doit être donnée.

168. Je viens de parcourir les formalités extrinsèques relatives à l'autorisation de justice. Il s'agit maintenant des qualités intrinsèques indispensables à sa validité.

169. On se souvient que la seule condition requise formellement par la loi dans l'autorisation du mari, c'est la spécialité. Cette condition doit se trouver également dans l'autorisation de justice. Il faut donc appliquer ici toutes les règles indiquées au chapitre précédent. Le juge doit autoriser la femme pour

[1] Demolombe, t. IV, 261; Cass., 21 janvier 1816; Paris, 5 décembre 1810. — En sens contr., Cass., 25 août 1826; Nîmes, 18 janvier 1830.

[2] Carré et Chauveau, 2911; Demolombe, t. IV, 267 et 268; Cass. 29 mars 1808, 7 octobre 1811, 25 mars 1812; *Req. rej.*, 10 mars 1858.

chaque affaire, en connaissance de cause (art. 222).

170. L'autorisation du mari peut être expresse ou tacite. Il n'en est pas de même de celle de justice, qui doit toujours être expresse. Personne, du moins, ne le conteste quand elle a pour but d'habiliter la femme, soit à passer un acte, soit à plaider comme demanderesse. Mais quelques auteurs soutiennent que l'autorisation pour la femme d'ester en jugement comme défenderesse peut résulter de ce que, par exemple, le tribunal l'a laissée plaider, a instruit l'affaire et prononcé le jugement sans la relever formellement de son incapacité. La Cour de cassation s'est même prononcée en ce sens[1]. Je crois pourtant cette solution contraire à l'esprit de la loi, qui veut trouver dans une décision expresse la preuve que la justice s'est occupée spécialement du point dont il s'agit[2].

171. Enfin l'autorisation du mari doit être antérieure, ou du moins concomittante à l'acte au sujet duquel elle intervient. En est-il de même de l'autorisation de justice? L'affirmative ne me semble pas douteuse, malgré les raisons graves apportées par M. Demolombe en faveur de l'opinion contraire qu'il se déclare porté à proposer, sans l'admettre toutefois résolûment. Les objections que le savant jurisconsulte se propose à lui-même en terminant me semblent péremptoires. Dire que la justice peut habiliter la femme

[1] *Req. rejet.*, 21 février 1855.

[2] Cass., 5 août 1840; Duranton, t. II, n° 464; Demolombe, t. IV, 268.

à consentir la ratification, de manière à enlever désormais au mari lui-même son action en nullité (car tel est le fond de la question), n'est-ce pas se mettre en contradiction ouverte avec cette règle : que la ratification ne peut avoir lieu au préjudice des droits des tiers (art. 1338)? N'est-ce pas rendre l'autorisation de la justice opposable au mari ? « Enfin, approuver un acte passé par la femme sans aucune espèce d'autorisation, alors que la loi lui commande de consulter d'abord son mari, et, à son défaut seulement, la justice, n'est-ce pas encourager l'insubordination et l'indiscipline, désarmer l'autorité maritale, lui donner tort, l'humilier[1]?

172. De cela même que la femme peut être forcée de demander à la justice une autorisation qui ne doit lui être accordée qu'en connaissance de cause, il résulte que la justice peut la lui refuser toutes les fois qu'elle le juge convenable, ou ne l'accorder qu'à certaines conditions. Ainsi le tribunal peut autoriser une femme à emprunter à condition que le taux de l'intérêt ne dépassera pas quatre et demi pour cent, ou bien à vendre l'un de ses immeubles, à condition de faire tel ou tel emploi du prix de vente.

On fait remarquer avec raison que la capacité de la femme n'est pas pour cela modifiée ni soumise à des entraves arbitraires. A vrai dire, le tribunal n'impose rien à la femme, il lui offre seulement une alterna-

[1] Demolombe, t. IV, 272 et 275 ; Toulouse, 18 août 1827 ; Cass., 15 juin 1842.

tive : un refus d'une part, ou bien l'acceptation des conditions qu'il détermine. A elle de choisir[1].

173. Il n'y a qu'un seul cas dans lequel on a contesté, mais à tort, à la justice le droit de refuser son autorisation, c'est lorsqu'il s'agit pour la femme de plaider comme défenderesse. Il est vrai qu'en pratique un semblable refus n'a jamais eu lieu. L'autorisation n'est alors qu'une pure formalité : mais il n'est pas douteux que la justice pourrait, ici comme ailleurs, examiner les faits et, après en avoir pesé les diverses circonstances, refuser en connaissance de cause son autorisation. (Arg. art. 218, 222 et 2208.) La femme serait alors condamnée par défaut, et l'on pourrait ainsi lui éviter des dépens considérables et peut-être même des dommages-intérêts[2].

174. Conformément au droit commun, la femme à qui le tribunal refuse l'autorisation peut interjeter appel du jugement. Le mari a le même droit dans le cas contraire, c'est-à-dire lorsque l'autorisation a été accordée, s'il pense qu'elle l'a été mal à propos[3].

§ V. — Du cas où la femme s'oblige envers un tiers, dans l'intérêt de son mari, ou contracte directement avec lui.

175. J'ai voulu consacrer un paragraphe spécial à cette double hypothèse, parce qu'elle donne lieu à une

[1] Demolombe, t. IV, 258.

[2] Demolombe, t. IV, 269. — En sens contr., Rolland de Villargues, *Rép. du not.*, v° *Autorisat. marit.*, n° 165.

[3] Dalloz, *Alphab.*, t. X, v° *Mariage*, p. 116, n° 1 ; Demolombe, t. IV, 260.

difficulté fort grave et d'un caractère tout particulier. On se demande s'il est possible que le mari lui-même, bien qu'il ne se trouve atteint d'aucune impossibilité physique ou légale à ce sujet, soit alors capable d'autoriser sa femme. « Nous touchons, dit M. Demolombe, à un ordre de principes de la plus haute importance. Il s'agit d'apprécier l'un des effets les plus intéressants et les plus essentiels du mariage : la capacité respective des époux l'un envers l'autre [1]. »

176. Dans le premier cas, celui où la femme s'oblige envers un tiers dans l'intérêt du mari, personne ne conteste plus aujourd'hui que l'autorisation du mari suffise pleinement sans qu'il soit besoin d'aucun recours à la justice. On avait bien hasardé autrefois une opinion contraire, mais il a fallu l'abandonner en présence de textes aussi formels que ceux des articles 217, 218, 219, 1419 et 1431. On a compris que la règle: *nemo potest esse auctor in rem suam*, n'avait rien à faire ici, parce que le contrat ne profite au mari qu'indirectement, *per consequentiam*. Enfin on a abandonné l'argument qu'on avait voulu tirer de l'article 1427, applicable seulement aux deux cas spéciaux prévus par l'article précédent [2]. J'avais donc raison de dire en commençant qu'aucune disposition de notre droit ne rappelait aujourd'hui le sénatusconsulte Velléien, ni

[1] Demolombe, t. IV, 231.

[2] Gênes, 30 août 1811; Colmar, 8 décembre 1812; Cass. 13 octobre 1812; *Civ. rejet.*, 8 novembre 1814; Aubry et Rau, t. IV, § 472, note 41; Pemante, t. I, n° 300 bis; Demolombe, t. IV, 232.

la Novelle 134, puisque la femme autorisée de son mari peut valablement s'obliger pour lui.

La pratique est tout à fait conforme à cette théorie, appliquée tous les jours, avec une facilité qu'il serait peut-être permis de regretter, au cas où la femme consent au profit d'un tiers la cession ou la restriction de son hypothèque légale [1].

177. Je crois que la même solution doit être donnée dans la seconde hypothèse que j'ai proposée, celle où la femme contracte directement avec son mari. Mais cette solution est moins généralement admise pour ce dernier cas [2]. Je ne puis mieux faire que de renvoyer ceux qui la mettent en doute à la savante démonstration de M. Demolombe. Il en ressort incontestablement ces deux points : le premier que, sauf exception, les contrats entre époux sont permis dans notre droit ; le second, qu'ils peuvent être valablement faits par la femme avec la seule autorisation de son mari.

Cette dernière proposition, qui se rattache surtout à mon sujet, ne me paraît point contestable quand on admet que la femme peut, avec la seule autorisation de son mari, s'obliger pour lui envers un tiers. La repousser serait établir une distinction tout à fait arbitraire, puisqu'elle ne résulte ni de la lettre, ni de l'esprit de la loi. Il n'y a pas lieu d'introduire aux

[1] Demolombe, t. IV, 233. V. les nombreux arrêts cités par cet auteur.

[2] Duranton, t. II, 471 et 475 ; Vazeille, t. II, 306 et 354 ; Dalloz, *Alph.*, t. X, v° *Mariage*, p. 132 ; *Req. reject.*, 11 février 1810.

principes généraux une dérogation que la loi ne laisse soupçonner nulle part, quand elle parle de contrats à intervenir entre le mari et la femme, par exemple de donations entre-vifs (art. 1087), ou de vente dans certains cas exceptionnels (art. 1595). La femme court tout autant de dangers lorsqu'elle traite avec des tiers dans l'intérêt de son mari, que lorsqu'elle contracte avec ce dernier personnellement ; pourquoi donc le mari pourrait-il lui donner une autorisation suffisante dans le premier cas, tandis qu'il ne le pourrait pas dans le second ? Le législateur s'est chargé lui-même de prohiber entre époux les actes qu'il a jugés dangereux (art. 1394, 1395, 1446, 1595 et 1707). Tout au moins ne les a-t-il permis qu'à certaines conditions (art. 1096, 2144 et 2145). Mais pour ceux dont il ne s'est point occupé, la seule autorisation du mari suffit à la femme, dont les intérêts personnels n'ont pas été pris en considération dans la matière qui nous occupe. Dès lors qu'il y a eu respect pour la puissance du mari et protection pour les intérêts matrimoniaux, le but de la loi est atteint : c'est donc un non-sens que de vouloir appliquer dans notre législation aux rapports du mari et de la femme la maxime : *Nemo potest esse auctor in rem suam*[1].

178. On fait remarquer avec raison qu'il y a un cas unique où le mari ne pourrait pas autoriser sa femme

[1] Pothier, *Puissance du mari*, n° 42; Delvincourt, I, p. 159; Marcadé, sur l'art. 224, n° 2; Demolombe, t. IV, 231-243; Nîmes, 9 févr. 1842; Grenoble, 11 mars 1851; Bordeaux, 29 avril 1856.

à passer un contrat avec lui, c'est celui où, la femme étant mineure, l'acte serait de ceux pour lesquels il faut au mineur émancipé l'assistance de son curateur. On voit que cette exception ne tient nullement au principe de l'autorisation maritale, mais seulement à ce que la règle : *Nemo potest esse auctor in rem suam*, devient applicable au mari comme curateur de sa femme. « Ce n'est pas alors, dit M. Demolombe, le mari qui est, à vrai dire, incapable d'autoriser la femme, c'est le curateur qui ne peut pas prêter son assistance à la mineure émancipée [1]. »

APPENDICE AUX DEUX CHAPITRES PRÉCÉDENTS

DE LA RÉVOCATION DE L'AUTORISATION.

179. Pour terminer avec les pouvoirs qu'ont le mari ou la justice de relever la femme mariée de son incapacité ou, au contraire, de l'y laisser soumise, je dois dire quelques mots de la révocation de l'autorisation.

180. Le mari peut, à son gré, révoquer l'autorisation qu'il avait accordée à sa femme. Cette autorisation ne l'oblige pas; elle n'est de sa part qu'un acte d'autorité, et c'est comme tel qu'il faut la traiter.

Mais le mari ne peut directement et de sa seule autorité révoquer l'autorisation accordée à sa femme par la justice, au moins dans le cas où elle a été don-

[1] Demolombe, t. IV, 256 *in fine*.

née sur son refus. Car je suis tenté d'admettre, avec MM. Aubry et Rau, qu'il peut révoquer par un simple acte extrajudiciaire l'autorisation accordée par la justice à raison de son absence ou de son état d'incapacité, qui depuis aurait cessé. La justice n'a fait, en pareil cas, que le remplacer lui-même[1]. Il est bien entendu que, dans tous les cas, la femme peut se pourvoir devant les tribunaux contre la révocation, comme elle aurait pu le faire si l'autorisation lui avait été refusée, et dans les mêmes formes.

Il faut admettre aussi, puisque rien ne s'y oppose dans la loi, que le mari peut demander à la justice la révocation de l'autorisation par elle accordée sur son refus. M. Demolombe pense avec raison qu'il aurait à suivre, en pareil cas, les formes indiquées par les articles 861 et suivants du Code de procédure[2].

181. On décide en général que la révocation ne doit pas avoir lieu d'une manière intempestive et préjudiciable à la femme (Arg., art. 1869, 1870). S'il en était autrement, celle-ci pourrait se pourvoir devant la justice pour obtenir un délai et terminer les opérations qu'elle avait à bon droit commencées. J'ai même admis ce tempérament pour le cas où le mari retirerait à sa femme l'autorisation de faire le commerce. C'est surtout alors qu'on en pourra faire utilement l'application[3].

[1] Aubry et Rau, t. IV, § 472, note 74 ; — Contrà, Demolombe, t. IV, 325.

[2] Demolombe, t. IV, 325; Aubry et Rau, t. IV, § 472, note 75.

[3] Locré, *Législ. civ.*, t. XVII, p. 157; Demolombe, t. IV, 325.

182. L'autorisation donnée par le mari dans le contrat de mariage est-elle révocable à son gré, comme celle qu'il a accordée depuis le mariage? Au premier abord, l'article 1395, qui déclare immuables les conventions matrimoniales, ne paraît devoir laisser aucun doute à cet égard. Cependant il faut réduire cet article à ses justes limites. Si l'autorisation donnée par contrat de mariage revêt le caractère d'une convention matrimoniale, elle doit, conformément à cet article, être déclarée irrévocable. Telle serait l'autorisation accordée à la femme d'administrer elle-même tout ou partie de ses biens, autorisation qui établirait entre les époux le régime de séparation de biens ou tout au moins une situation analogue. Toute autre autorisation donnée par contrat de mariage est parfaitement révocable, quel qu'en soit le but et quelque situation qui soit faite aux époux depuis le mariage, soit par la séparation de biens, soit par la séparation de corps. Décider autrement, ce serait permettre aux époux de déroger à un de ces droits résultant de la puissance maritale sur la personne de la femme, ce que défend formellement l'article 1388. La femme aura, d'ailleurs, comme dans les autres cas, le droit de recourir à la justice[1].

Je n'ai pas besoin d'ajouter que, en parlant de révocabilité, je suppose spéciale l'autorisation donnée à la femme par le mari dans le contrat de mariage. Une

[1] Locré, *Législ. civ.*, t. XVII, p. 157; Toullier, t. XII, n° 257; Demolombe, t. IV, 324.

autorisation générale serait, non pas révocable, mais nulle, aux termes des articles 223 et 1538.

183. Enfin, et pour n'avoir plus à revenir sur cette matière, j'ajoute que la révocation de l'autorisation ne peut avoir, en aucun cas, d'effet rétroactif. Si donc la femme a passé quelques actes en vertu de cette autorisation, les droits acquis au tiers doivent être maintenus (art. 1451). On ne peut porter aucune atteinte à ces droits, lors même qu'ils résulteraient d'actes faits par la femme depuis la révocation, si les tiers n'en ont point obtenu connaissance (art. 2009)[1].

CHAPITRE VI

DE L'ÉTENDUE DE L'AUTORISATION ET DE SES EFFETS A L'ÉGARD DE LA FEMME.

SECTION Ire. — De l'étendue de l'autorisation.

184. L'étendue de l'autorisation accordée à la femme soit par son mari, soit par la justice, doit être appréciée d'après les règles ordinaires d'interprétation. Il en résulte, étant donné le principe de la spécialité, que l'autorisation ne s'applique qu'au seul acte juridique qui s'y trouve mentionné et sous les conditions auxquelles en a été soumis l'accomplissement.

« Il y a, dit Lebrun, une chose essentielle en ces matières, c'est que les termes des autorisations doivent

[1] Aubry et Rau, t. IV, § 472, note 76; Demolombe, t. IV, 326.

être suivis à la lettre, sans qu'il soit jamais permis de les étendre d'un cas exprimé à un cas non exprimé, non pas même par identité de raison ; ainsi l'autorisation étant pour emprunter, on ne doit pas permettre à la femme de vendre ; et si l'autorisation est pour vendre, la femme ne doit pas emprunter[1]... » Telle est la règle qu'il faut suivre encore aujourd'hui sous l'empire du Code Napoléon, que l'autorisation ait pour objet des actes judiciaires ou des actes extrajudiciaires. Mais il ne faut pas, comme l'ont fait certains auteurs, en exagérer la portée outre mesure et renfermer impitoyablement l'autorisation dans les limites que semblent lui assigner les termes mêmes de l'acte ou du jugement qui la contient[2]. Il faut, pour en apprécier sainement l'étendue, prendre en considération les circonstances de fait, et surtout la nature même de l'opération. Il n'est pas douteux, en effet, qu'elle doive comprendre les antécédents et les suites nécessaires de l'affaire pour laquelle elle a été accordée. C'est le cas d'appliquer ici ces deux principes dictés par le bon sens le plus vulgaire : qui veut la fin veut les moyens ; qui approuve la cause approuve les effets[3].

185. Ainsi, il faut encore dire avec Lebrun que l'autorisation de vendre n'emporte pas celle d'emprunter,

[1] Lebrun, *de la Comm.*, l. II, ch. I, sect. IV, n° 9. — Voir aussi, Pothier, *Puiss. du mari*, n° 74.

[2] Toullier, II, 647.

[3] Aubry et Rau, IV, § 472, notes 66 et 67; Demolombe, IV, 276 et suiv.

pas même celle de toucher le prix, du moins lorsqu'il s'agit de vendre les immeubles personnels de la femme, et que celle-ci n'est pas séparée de biens[1]. Au contraire, la Cour de Poitiers a décidé avec raison que la femme autorisée pour le partage et la liquidation d'une succession l'est, par cela même, à intenter des actions pour obtenir la délivrance des objets compris dans son lot ou à défendre aux actions intentées contre elle pour s'opposer à cette délivrance[2].

186. Il est en général assez facile d'interpréter conformément au principe indiqué plus haut, l'autorisation donnée à la femme à l'effet de contracter. Cependant l'autorisation de faire le commerce ou même d'exercer une profession non commerciale donne lieu, sous ce rapport, à un certain nombre de difficultés sérieuses. Je vais m'en occuper dans un paragraphe spécial. J'en consacrerai ensuite un autre à l'autorisation d'ester en jugement, dont l'interprétation n'est pas chose moins délicate ni moins sujette à controverses.

§ Ier. — De l'étendue de l'autorisation de faire le commerce ou d'exercer une profession non commerciale.

187. Parmi les diverses autorisations qui peuvent être données à la femme, nulle ne doit s'interpréter plus largement que celle de faire le commerce. En effet, le Code Napoléon s'exprime ainsi : « La femme, si elle est

[1] Demolombe, IV, 279.

[2] Poitiers, 28 févr. 1831; voir encore, *Civ. rej.*, 20 juillet 1835; *Civ. rej.*, 29 juin 1842; *Civ. cass.*, 21 janv. 1854.

marchande publique, peut, sans l'autorisation de son mari, s'obliger pour ce qui concerne son négoce.» (art. 220), et les articles 5 et 7 du Code de commerce confirment cette règle, en permettant à la femme, en vertu de la seule autorisation de faire le commerce, de s'obliger, comme aussi d'engager, hypothéquer et aliéner ses immeubles, toujours *pour ce qui concerne son négoce.*

188. Le motif de cette large interprétation donnée à la volonté du mari est facile à saisir. Il est dans son intention présumée à raison de la célérité requise pour la plupart des opérations commerciales et de l'impossibilité où il se trouverait le plus souvent d'autoriser à temps sa femme pour chacune d'elles. « La femme, dit Pothier, n'a pas toujours son mari à ses côtés, qui puisse l'autoriser pour ces actes, lesquels le plus souvent ne souffrent pas de retardement [1]. »

189. Les articles 220 du Code Napoléon et 5 du Code de commerce portent eux-mêmes une restriction à ce droit qu'a la femme de s'obliger, aliéner, hypothéquer en vertu de l'autorisation générale à elle concédée de faire le commerce. Ces actes ne lui sont permis que *pour ce qui concerne son négoce.* L'interprétation de ces mots soulève plusieurs difficultés que je me contente de résoudre dans le sens qui m'a paru le plus conforme au texte et à l'esprit de la loi, sans entrer dans l'examen approfondi de chacune d'elles.

[1] Pothier, *Puiss. du mari*, n° 21.

Il faut remarquer d'abord la différence qu'il y a entre ces expressions ; *pour ce qui concerne son négoce* et celles-ci *par des actes commerciaux*. Beaucoup d'actes non commerciaux peuvent concerner le négoce de la femme, et par conséquent être valablement faits par elle. Tels sont les travaux d'appropriation, de réparations et d'embellissements faits à un établissement de commerce, café, magasin, etc., et même les travaux ayant pour objet des constructions nouvelles, en tenant compte toutefois des circonstances et en particulier de la nature de ces travaux et de leur importance relativement à celle du commerce de la femme [1]. Telle est encore la transaction sur des affaires commerciales. Mais je ne permettrais pas à la femme simplement autorisée à faire le commerce de compromettre, de contracter une société commerciale avec un tiers, de cautionner une dette civile ou même commerciale, fût-elle associée d'intérêts avec le tiers débiteur. Il lui faudrait pour des actes de ce genre le consentement au moins tacite de son mari [2].

190. Mais voici que s'élève une question fort controversée et à bon droit, car dans le silence de la loi des considérations tout opposées se pressent pour en solliciter des solutions différentes. La femme marchande publique ne peut s'obliger, hypothéquer, aliéner que

[1] Demolombe, IV, 295 et 296.

[2] Demolombe, IV, 297-299 ; Pardessus, t. I, nos 62, 66 et 71. — En sens contr., Massé, *Droit commerc.*, t. III, nos 95 et 175 ; Merlin, *Rép.*, t. I, vo *Autorisat. marit.*, sect. VII, no 6.

pour ce qui concerne son négoce. Il est donc important de déterminer le but de l'acte fait par elle. Eh bien, jusqu'à preuve contraire que faut-il présumer sous ce rapport? En d'autres termes, est-ce à la femme à prouver que l'acte par elle fait n'est pas relatif à son commerce, ou au contraire est-ce au créancier à prouver qu'il y est relatif? J'avoue que des différentes solutions données par les auteurs aucune ne me satisfait pleinement, et je confesse en même temps mon impuissance à en produire une nouvelle et surtout une meilleure. Faute de mieux, je me range à cette opinion assez généralement admise qu'en règle générale la présomption est en faveur de la femme, c'est-à-dire que c'est au créancier à faire la preuve dont il s'agit, sauf deux exceptions importantes : — la première pour le cas où la femme a déclaré elle-même dans l'acte qu'elle consent que cet acte est relatif à son négoce; — la seconde pour celui où l'acte passé par la femme est commercial de sa nature et fait présumer par sa forme une cause commerciale [1]. Je ne me dissimule pas tout ce qu'il peut y avoir d'imparfait ou de dangereux dans cette théorie. Il est facile de trouver telle hypothèse où les tiers seront victimes de la règle, telle autre où la femme abusera des exceptions. Mais, je le répète, je n'ai pas trouvé de système plus rationnel, plus conforme aux principes ou qui présentât moins d'inconvé-

[1] Pardessus, *Droit commerc.*, t. I, nos 62 et 71; Massé, *Dr. commerc.*, t. III, nos 95 et 170; MM. Bravard et Bugnet, à leurs cours.

nients pratiques [1]. Un seul paraît offrir quelques avantages à ce dernier point de vue, c'est celui qui permet aux juges de chaque procès d'apprécier la bonne foi et la prudence des tiers, la nature et l'importance de l'opération, la situation où se trouvait la femme et l'extension plus ou moins grande de son commerce [2]. Mais je ne crois pas qu'il soit conforme à l'esprit de notre législation de conférer aux juges des pouvoirs aussi étendus. C'est là un moyen trop commode pour le législateur et pour l'interprète, de se décharger des difficultés qui l'embarrassent en remettant à d'autres le soin de les trancher. « La meilleure loi, disait Bacon, est celle qui laisse le moins à la disposition des juges. »

101. Encore un mot sur l'étendue de l'autorisation de faire le commerce. Cette autorisation peut-elle être si générale qu'elle ne désigne même pas le genre d'industrie que la femme pourra exercer? Il faut répondre par une distinction. Si la femme se livre publiquement à une branche spéciale de commerce et à celle-là seulement, cette branche de commerce constitue le seul négoce pour lequel elle puisse s'obliger, parce que c'est en vue de celui-là seulement que l'autorisation a dû être donnée. Si au

[1] Voir en sens divers : Toullier, XII, 249-252; Delvincourt, I, p. 167; Duranton, II, 483, et *Traité des contrats*, I, 238; Marcadé, sur l'art. 220, n° 3; Valette, *sur Proudhon*, I, p. 460, note A; Aubry et Rau, IV, § 472, note 52; Demolombe, IV, 300-302.

[2] Voir M. Dubois, *Thèse pour le doctorat*, p. 297.

contraire la femme, en vertu de l'autorisation expresse ou tacite de son mari, fait çà et là des actes de commerce de toutes sortes, je crois qu'elle est valablement obligée par ces actes, parce qu'ils sont censés compris dans l'autorisation qu'elle a reçue[1]. Il est inutile d'ajouter que l'art. 220 ne s'appliquerait plus si la femme avait été autorisée spécialement à faire isolément tel ou tel acte de commerce ; car elle ne deviendrait pas marchande publique en vertu d'une semblable autorisation[2].

192. — L'autorisation donnée à la femme d'exercer une profession quelconque non commerciale emporte aussi pour elle le droit de faire seule tous les actes relatifs à l'exercice de cette profession, mais ceux-là seulement. Ainsi une femme autorisée à être maîtresse de chant ou professeur de piano peut évidemment fixer et toucher le prix de ses leçons, donner un concert, même s'obliger jusqu'à un certain point et selon les circonstances comme intermédiaire entre un marchand de musique et ses élèves. Mais on a blâmé avec raison un arrêt de la Cour de Paris qui lui a permis d'organiser un concert sous forme de spectacle public. C'est là une interprétation trop large de l'autorisation non-seulement parce que l'acte dont il s'agit rendrait la femme passible de la contrainte par corps, mais encore parce qu'il soulève une question

[1] Demolombe, IV, 303. — Caen, 11 août 1828 ; Cass. 77 avril 1841 ; — Massé, *Dr. commerc.*, t. III, n° 168.

[2] Demolombe, IV, 301.

de convenances et de moralité sur laquelle l'attention du mari doit être nécessairement appelée[1].

§ II. — De l'étendue de l'autorisation d'ester en jugement.

193. L'application des règles générales posées au commencement de ce chapitre soulève ici un trop grand nombre de difficultés pour que je me puisse arrêter au détail de chacune d'elles. Voici en quelques mots les diverses solutions que je crois devoir admettre, du moins sur les points les plus importants.

194. L'autorisation d'ester en jugement rend la femme qui l'obtient capable de comparaître devant le juge de paix pour y tenter la conciliation préalable à l'introduction de sa demande[2]. Quant à la question de savoir si cette capacité peut lui servir, c'est-à-dire si la femme mariée est soumise au préliminaire de conciliation, je réponds affirmativement et, en cela, je suis d'accord avec la pratique la plus constante[3].

A l'inverse, l'autorisation de tenter la conciliation ne comprend pas celle de former la demande en justice. Il faut pour cela une nouvelle autorisation. Je vais plus loin que M. Demolombe qui trouve seule-

[1] Paris, 3 juillet 1857 · *Observat. de M. Devilleneuve sur cet arrêt*; Sirey, 58, 2, 193; M. E. Dubois, *Thèse pour le doctorat*, p. 299.

[2] Cass., 3 mai 1808; Aubry et Rau, IV, § 472, note 68.

[3] Carré, 207; Dalloz, *Alph.*, v° *Conciliation*, t. III, p. 719.

ment plus sûr de l'obtenir ; je crois que c'est indispensable [1].

195. La femme autorisée à plaider ne l'est point par cela même à déférer le serment litis décisoire ni à le prêter s'il lui est déféré ou référé. Il n'y a pas lieu, selon moi, de distinguer entre ces deux hypothèses. Déférer ou prêter le serment dont il s'agit, ce n'est plus plaider, ce n'est plus laisser à la justice le soin de prononcer sur la valeur de sa cause, mais plutôt c'est la dessaisir, c'est offrir ou accepter un acquiescement ou une transaction conditionnelle. « Non ex auctoritate judicis, dit Gaius, sed ex pactione ipsorum litigatorum deciditur controversia [2]. » L'adversaire de la femme n'en conserve pas moins le droit de lui déférer le serment décisoire, mais il change par là la face du procès ; il fait à la femme une situation nouvelle qu'elle est incapable d'accepter sans une nouvelle autorisation [3].

196. Toute autre est la nature et l'importance du serment supplétif ou supplétoire destiné seulement à éclairer le juge comme tout autre moyen de preuve et n'emportant pas nécessairement une décision conforme. La femme peut donc le prêter, si la justice juge à propos de le lui déférer.

197. Il faut en dire autant de l'aveu, du moins s'il est provoqué par la justice, soit dans un interroga-

[1] Demolombe, IV, 291.
[2] LL. 1 et 2, *de Jurejur.*, D. 12, 2.
[3] Demolombe, IV, 282-283.

toire sur faits et articles, soit lors de la comparution des parties en personne. La femme autorisée à plaider, l'est par cela même à répondre aux questions qui lui sont adressées dans ces circonstances. Mais un aveu judiciaire spontané ne serait pas opposable à la femme, s'il avait eu lieu sans une autorisation spéciale [1].

198. La femme ne peut, en vertu de l'autorisation d'ester en justice, ni transiger, ni acquiescer ou se désister, parce que rien de tout cela n'est plaider ; c'est au contraire contracter, renoncer à ses droit ou aliéner, toutes choses que la femme ne peut faire sans une autorisation spéciale [2].

199. L'autorisation de former une demande en licitation ou d'y défendre comprend pour la femme celle de provoquer une surenchère, parce que sans cela il serait peut-être impossible d'arriver à une adjudication définitive.

200. La femme à laquelle a été donnée l'autorisation de plaider est encore censée avoir reçu celle de faire exécuter le jugement rendu à son profit. On ne l'a point autorisée à plaider et elle-même ne l'a point fait pour le seul plaisir de s'entendre donner gain de cause à l'audience, mais bien pour arriver à l'exercice effectif d'un droit qu'on lui contestait. Ainsi la femme autorisée à demander la séparation de biens

[1] *Civ. rej.*, 22 avril 1828 ; Aubry et Rau, VI, § 751, note 12. — *Contrà*, Demolombe, IV, 284.

[2] Cass. 15 juillet 1807, 13 mai 1808 ; Demolombe, IV, 280 et 281.

peut, quand elle l'a obtenue, en poursuivre l'exécution et demander, soit le remboursement de sa dot, soit la liquidation de ses reprises[1].

201. Elle peut même, en vue de cette exécution, former une surenchère, soit sur les biens de son mari vendus par lui ou expropriés par ses créanciers, soit sur les biens d'un tiers hypothéqués à son profit. En effet, la surenchère sera le plus souvent pour elle une condition *sine qua non* de l'exercice de ses droits.

Dès lors au contraire que la surenchère cesserait d'avoir pour but l'exécution du jugement de séparation de biens, il lui faudrait, pour la former, une autorisation spéciale[2].

202. Le point le plus délicat de la matière qui nous occupe est celui de savoir si la femme autorisée simplement à ester en jugement ou à plaider sur telle affaire ou à former telle demande est, quant à cette affaire, autorisée à suivre tous les degrés de juridiction et à employer toutes les voies de recours que la loi met à sa disposition.

Il est bien entendu que cette question peut être résolue par les termes mêmes de l'autorisation, soit qu'elle ne permette de plaider qu'en première instance, soit qu'elle réserve formellement telle ou telle juri-

[1] Merlin, *Rép.*, v° *Autorisat. marit.*, sect. VIII, n° 4; Aubry et Rau, IV, § 472, notes 68 et 69; Demolombe, IV, 292. — Nîmes, 12 juillet 1831; *Req. rej.*, 11 avril 1842.

[2] Troplong, *des Hypothèques*, IV, 952; Demolombe, IV, 292. — Orléans, 24 mars 1831; Bourges, 25 févr. 1840; Civ. cass., 29 mars 1853. — En sens contr., Grenoble, 30 août 1850.

diction, telle ou telle voie de recours, soit enfin qu'elle ouvre expressément à la femme toutes les voies légales devant quelque juridiction que ce soit. Dans tous les cas, une pareille autorisation doit être tenue pour valable et habiliter la femme en conséquence. Il s'agit donc uniquement de celle qui ne s'explique en aucune façon sur ces divers points.

Je crois qu'une autorisation de ce genre doit être interprétée d'une manière tout à fait restrictive. La femme autorisée à ester en justice ne l'est pas à attaquer ou à soutenir en appel le jugement du tribunal de première instance, et si elle est autorisée à ester en instance d'appel, elle ne l'est point par cela seul à se pourvoir en cassation, ni à défendre au pourvoi formé contre elle. Il est conforme à la règle de la spécialité que le mari, en autorisant sa femme à plaider, ait eu en vue le tribunal où l'instance devait avoir lieu et pas un autre. Sans doute son autorisation a dû comprendre les suites nécessaires du procès, mais il me semble que j'ai fait sous ce rapport une assez large part à la femme en lui permettant de poursuivre l'exécution du jugement obtenu par elle. Est-il bien vrai que l'appel ou le pourvoi en cassation puisse être considéré comme la suite naturelle et ordinaire de tout procès? Combien au contraire, soit à cause de leur peu d'importance, soit à cause de la confiance médiocre qu'ils inspirent à l'une des parties, ne dépassent jamais et surtout le premier degré de juridiction? Il me semble qu'il y a là une question d'opportunité et de convenance qui vaut la peine d'être soumise à l'appréciation du mari. On conçoit fort bien qu'il ait autorisé sa femme à plaider en première instance sans songer le moins du monde à l'instance d'appel dont la publicité à elle seule l'aurait peut-être effrayé. N'est-il pas singulier d'ailleurs de laisser, pour ainsi dire, à la femme le droit d'apprécier la sentence des premiers juges, quand on l'a déclarée tout à l'heure incapable de peser la valeur de sa cause?

Qu'on ne dise pas que ce raisonnement, applicable à coup sûr au cas où la femme interjette appel, ne l'est plus quand elle plaide comme intimée sur l'appel de son adversaire. D'où lui viendrait donc, en présence d'une juridiction supérieure, cette confiance assez grande dans la sentence de ses premiers juges pour qu'on lui permette dans tous les cas d'en affronter le contrôle?

Mais, ajoute-t-on, pourquoi vous effrayer? Le mari ne pourra-t-il pas toujours révoquer son autorisation, s'il le juge à propos? Je réponds d'abord qu'il ne sera pas toujours à temps de le faire. Peut-être est-il absent et ne sera-t-il informé de la marche du procès de sa femme que lorsqu'il sera engagé déjà dans une voie plus ou moins compromettante. J'ajoute qu'on irait bien loin avec cette objection. On arriverait vite à étendre à l'infini toute espèce d'autorisation en disant que le mari révoquera, si l'on en abuse, le pouvoir qu'il a conféré. Après tout, c'est là trancher la question par la question. Il est bien certain que le mari peut toujours révoquer son autorisation. Ce que nous recherchons, c'est le point où s'arrête la capacité de la femme en faveur de qui on l'a donnée et maintenue.

Je rappelle, sans y attacher autrement d'importance, qu'on peut tirer argument en faveur de mon système : 1° de ce que la femme qui vient à se marier après avoir obtenu un jugement en première instance ne peut plaider en appel sans une autorisation spéciale ; 2° de ce que les communes autorisées à plaider en première instance ne peuvent interjeter appel sans une nouvelle autorisation. (Loi du 18 juil. 1837, art. 49.)

203. Je n'ai parlé que de l'appel et du pourvoi en cassation. Ma doctrine s'applique *a fortiori* aux voies de recours extraordinaires, telles que la tierce opposition, la requête civile, la prise à partie. Le pourvoi en cassation lui-même est compris parmi ces voies de recours et fait hésiter quelques-uns des auteurs dont j'ai combattu l'opinion, notamment M. Demolombe.

204. Ainsi l'autorisation de justice doit, au point de vue qui nous occupe, être interprétée comme celle du mari. Elle est soumise aux mêmes règles, et la loi n'y attache ni plus ni moins de valeur. Il n'y a pas à distinguer suivant qu'elle est donnée par le tribunal principalement ou incidemment à l'instance dont il est saisi[1].

[1] Sur ces différ. points, v. en sens divers, Delvincourt I, p. 157 ; Duranton, II, 459 ; Toullier, I, 515 ; Minerel, *Revue crit.*, 1858, t. XII, p. 111, n° 5 ; Magnin, *des Minorités*, II, 1101 ; Demolombe, IV, 285-290 ;

205. Enfin il est hors de doute que la femme autorisée à plaider, soit en première instance, soit en appel et contre qui intervient un jugement ou arrêt par défaut, peut former opposition sans avoir besoin d'une nouvelle autorisation.

SECTION II. — DES EFFETS DE L'AUTORISATION A L'ÉGARD DE LA FEMME.

206. J'ai déjà dit que l'incapacité de la femme mariée n'est pas absolue. Elle en est relevée par l'autorisation du mari ou de justice et devient dès lors aussi capable que si elle n'était pas mariée. J'ai démontré plus haut que sa capacité s'étend même aux actes qu'elle passerait avec des tiers dans l'intérêt de son mari ou avec son mari lui-même.

207. Il en résulte que la femme ne peut attaquer un acte juridique par elle fait en vertu d'une autorisation de son mari ou de justice, sous prétexte que cette autorisation a été accordée contrairement à ses intérêts. Ni le mari ni la justice ne sont garants envers la femme de l'issue que peut avoir l'opération qu'ils lui permettent. Tout ce qu'on peut dire, c'est que le mari, s'il s'était rendu coupable de fraude en autorisant sa femme, si, par exemple, il avait colludé avec les tiers qui contractaient avec elle, pourrait, aux termes de l'article 1382, être tenu de réparer

Aubry et Rau, IV, § 472, note 72. — Cass. 5 août 1840, 31 mai 1841, 4 mars 1845, 15 décembre 1847, 18 août 1857; Poitiers, 21 mars 1827; Riom, 30 mars 1850.

le dommage causé par son dol. Mais l'acte n'en resterait pas moins valable à l'égard des tiers, de ceux surtout qui ne seraient pas complices de la fraude[1].

208. Rien n'empêche d'ailleurs la femme d'attaquer cet acte par tous les moyens de droit commun autres que l'inopportunité de l'autorisation ou le préjudice qu'elle prétend en avoir éprouvé. « L'autorisation du mari ou de justice n'étouffe pas, dit Bourjon, les moyens de restitution, si aucuns sont ouverts à la femme. »[2].

209. Quant aux effets de l'autorisation à l'égard du mari, c'est là une question de régime et de contrat de mariage qui ne rentre pas dans les limites de mon sujet. Je rappelle seulement qu'en règle générale le mari n'est nullement tenu envers les tiers avec qui sa femme a contracté ou plaidé, munie de son autorisation; et que dans les cas où cette règle souffre exception, il ne faut pas, comme quand il s'agit de la femme, attribuer à l'autorisation de justice les mêmes effets qu'à celle du mari.

[1] Aubry et Rau, IV, § 472, note 77; Demolombe, IV, 275. — Voir aussi, Pothier, *Puiss. du mari*, n° 76.

[2] Bourjon, *Dr. commun de la Fr.*, t. I, p. 582; Aubry et Rau, *loc. cit.*; Demolombe, IV, 275; Vazeille, II, 355; Toullier, II, 655.

CHAPITRE VII

DES CONSÉQUENCES DU DÉFAUT D'AUTORISATION.

210. La conséquence naturelle et logique du défaut d'autorisation, c'est la nullité des actes passés par la femme mariée.

Je vais examiner successivement : 1° si cette nullité résulte toujours du défaut d'autorisation ; 2° quels en sont les caractères, c'est-à-dire par qui elle peut être invoquée et pendant combien de temps ; 3° quelle situation elle fait aux tiers par rapport à la femme, particulièrement en matière d'actes judiciaires ; 4° enfin, comment cette nullité peut se couvrir.

§ Ier. — Des cas où la nullité ne résulte pas du défaut d'autorisation.

211. Les cas où la nullité ne résulte pas du défaut d'autorisation sont tout exceptionnels et peuvent être parcourus rapidement.

Le premier est celui où la femme a employé des manœuvres frauduleuses pour tromper les tiers, soit en leur faisant croire qu'elle n'était pas en puissance de mari, soit en leur représentant un faux acte d'autorisation. Elle ne peut plus dès lors être admise à se prévaloir de la nullité des actes passés par elle sans autorisation, quand même elle réparerait, conformément à l'article 1382, le dommage causé par son délit.

« Son dol, dit M. Demolombe, élève contre elle une fin de non-recevoir, et la réparation la plus exacte de ce dol est le maintien de l'engagement lui-même[1]. »

Quant au mari, je crois qu'il devrait être admis à proposer la nullité, malgré les manœuvres frauduleuses de sa femme, pourvu, bien entendu, qu'il y soit demeuré étranger. Il est moral, à coup sûr, et il peut être fort utile de lui accorder ce droit[2].

On ne saurait évidemment considérer comme une manœuvre frauduleuse de la part de la femme ce seul fait qu'elle s'est présentée aux tiers comme fille ou comme veuve, ou même qu'elle s'est donné dans l'acte par elle fait l'une de ces deux qualités. C'était à ces derniers de prendre des renseignements et c'est précisément pour les leur faciliter que la loi a mis à la disposition de tout le monde les registres de l'état civil. « *Qui cum alio contrahit*, dit Ulpien, *vel est, vel debet esse non ignarus conditionis ejus.* » (Loi 19, *de reg. juris* D.)[3].

212. Mais que faut-il décider lorsque, dans le silence de la femme, les tiers sont victimes d'une erreur commune? Admettons que la femme passe pour fille ou veuve dans tout le pays. Selon moi, c'est là une

[1] Demolombe, IV, 328 ; Aubry et Rau, IV, § 472, note 115 ; *Req. rej.* 15 juin 1824 ; Dalloz, *Jurispr. génér.*, t. X, p. 158. — *Contrà*, Vazeille, II, 314; Toullier, I, p. 519.

[2] Aubry et Rau, IV, § 472, n° 11, *in fine*.

[3] Duranton, II, 462 à 495 ; Vazeille, II, 312 ; Demolombe, IV, 327, Cass. 15 nov. 1836 ; Dijon, 1er juin. 1854. — *Contrà*, Marcadé, sur l'art. 225.

question de fait qui doit être laissée à l'appréciation des tribunaux. Je ne pense pas qu'on doive toujours exiger des tiers une erreur invincible comme le font certains auteurs[1], ni, comme d'autres, se contenter toujours de l'erreur commune et invoquer le principe tiré de la fameuse loi *Barbarius Philippus* (L. 3 D., *de off. præt.*): *Error communis facit jus*[2]. L'erreur des tiers doit être, si je ne me trompe, une erreur excusable, celle que les jurisconsultes romains appelaient *error probabilis* et qu'ils admettaient comme pouvant suppléer à l'absence de juste titre en matière d'usucapion.

213. Ainsi j'admettrais que les tiers, partageant à ce sujet l'erreur commune, aient cru fille la femme mariée avec laquelle ils contractaient, mais je n'admettrais pas qu'ils l'aient crue veuve, parce qu'ils pouvaient se faire représenter l'acte de décès du mari.

L'erreur des tiers serait encore excusable, si le mariage célébré en pays étranger n'avait pas été transcrit en France, conformément à l'article 171 C. N., ou si, bien que célébré en France, il avait été tenu secret par les époux, ou encore si les tiers n'avaient connu ou pu connaître la révocation que le mari aurait faite de son autorisation.

214. En dehors des hypothèses que je viens de signaler, le défaut d'autorisation emporte nullité des

[1] Zachariæ, 2e édit., t. III, p. 347, note 91.

[2] Toullier, II, 623; Duranton, II, 495; Demolombe, IV, 332.

actes juridiques faits par la femme. On peut se demander ici à qui incombe la preuve du défaut d'autorisation. Il faut répondre que ce n'est pas au demandeur en nullité, car si, au point de vue des principes de notre législation, l'incapacité de la femme mariée constitue une exception, elle devient quant à elle, la règle générale. Sans donc invoquer avec M. Demolombe cet argument douteux que la preuve d'un fait négatif est impossible, je crois avec l'éminent professeur que c'est à la personne qui défend la validité de l'acte à établir l'existence de l'autorisation[1].

§ II. — Caractères de la nullité résultant du défaut d'autorisation.

215. Dans notre ancien droit, la nullité résultant du défaut d'autorisation était *absolue* et *perpétuelle*, c'est-à-dire qu'elle pouvait toujours être invoquée par tous ceux qui y avaient intérêt et qu'elle ne pouvait se couvrir par aucune ratification[2]. Aujourd'hui, sous l'empire du Code, cette nullité n'est plus que *relative* et *temporaire*, c'est-à-dire qu'elle ne peut être invoquée que par certaines personnes, pendant un temps déterminé et qu'elle est parfaitement susceptible de ratification ou de confirmation. (Art. 225, 1125, 1304 et 1338.)

[1] Demolombe, IV, 336; Aubry et Rau, IV, § 472, note 87.

[2] Pothier, *Puiss. du mari*, nos 5, 74, 78; *Introd. au titre X de la cout. d'Orléans*, n° 144.

— Des personnes qui peuvent invoquer la nullité résultant du défaut d'autorisation.

216. Cette règle, que la nullité résultant du défaut d'autorisation ne peut être invoquée que par certaines personnes, est contenue dans les articles 225 et 1125. Ce dernier s'exprime en ces termes, al. 2 : « Les personnes capables de s'engager ne peuvent opposer l'incapacité de la femme mariée avec qui elles ont contracté. » Et on lit à l'article 225 : « La nullité fondée sur le défaut d'autorisation ne peut être opposée que par la femme, par le mari ou par leurs héritiers. » Occupons-nous d'abord de ces personnes, j'examinerai ensuite si elles sont bien les seules par qui cette nullité puisse être opposée.

217. *A*. La nullité peut être opposée par la femme. C'est le droit commun que tout incapable peut se prévaloir de son incapacité. On comprend très-bien qu'on l'applique à la femme mariée, puisque son incapacité a pour base non-seulement le respect de la puissance maritale, mais encore la protection due aussi aux intérêts matrimoniaux qui sont aussi les siens et dont la conservation l'intéresse au premier chef.

218. *B*. Le mari peut aussi invoquer la nullité qui nous occupe. Il peut y avoir un intérêt pécuniaire, lorsque l'acte fait par la femme a plus ou moins compromis l'association conjugale. Il y a dans tous les cas un intérêt moral qui l'emporte sur tous les autres

et qui consiste à maintenir et à faire respecter l'autorité que la loi lui a confiée.

219. *C.* Les héritiers de la femme prennent dans sa succession tous les droits de leur auteur et par conséquent celui qu'elle avait de demander la nullité de l'acte consenti sans autorisation.

220. *D.* L'article 225 confère le droit d'opposer la nullité non-seulement aux héritiers de la femme, mais encore à ceux du mari. Il n'est donc pas question de le contester aux uns ni aux autres. Mais on s'est demandé si les derniers auraient jamais occasion d'en user et si par conséquent l'article 225 n'était pas pour eux une lettre morte. C'est qu'en effet l'intérêt est la condition indispensable de l'exercice de toute action. Or, il n'y a plus de puissance maritale à faire respecter, plus d'intérêts matrimoniaux à protéger, où donc trouver pour les héritiers du mari un intérêt personnel et pécuniaire à invoquer la nullité résultant du défaut d'autorisation ? Je crois qu'on le chercherait en vain avec M. Marcadé dans l'hypothèse où la femme aurait renoncé sans autorisation à une succession mobilière qui devait tomber dans la communauté[1]. Car certains auteurs admettent que le mari aurait pu lui-même accepter cette succession, et, à ceux qui, comme moi, ne l'admettent pas, il suffit de faire observer que les héritiers du mari exerceraient l'action en nullité du chef de la femme et non pas en qualité d'héritiers du mari. On pourrait faire une observation ana-

[1] Marcadé, sur l'art. 225, n° 4.

logue sur l'hypothèse où la femme commune, après avoir contracté sans autorisation, refuserait la communauté dissoute par la mort du mari et où le créancier aurait recours contre les héritiers de ce dernier pour se faire payer par eux, au moins jusqu'à concurrence des biens de ladite communauté, le montant de l'obligation de la femme.

Il n'y a qu'un seul cas où je trouve pour les héritiers du mari un intérêt véritable à se prévaloir de la disposition de l'article 225. C'est celui où une femme mariée, comme dans l'hypothèse précédente, sous le régime de la communauté, a contracté sans autorisation, mais accepte au contraire la comunauté à la mort du mari. Si l'on suppose que cette femme est insolvable et qu'elle a ratifié son obligation depuis son veuvage, le créancier aura alors intérêt à intenter l'action Paulienne contre les héritiers du mari, et, s'il le fait, ceux-ci n'auront d'autre moyen de le repousser que d'invoquer la nullité de l'obligation en qualité d'héritiers du mari cette fois, puisqu'ils ne peuvent plus exercer comme ayant cause de la femme une action à laquelle elle a renoncé. Dans cette hypothèse et dans toute autre que l'on pourrait découvrir où les héritiers du mari auraient un intérêt pécuniaire, ils peuvent évidemment se prévaloir du bénéfice de l'art. 225[1].

221. *E.* La nullité résultant du défaut d'autorisation peut être proposée encore par les créanciers de la

[1] Duranton, t. II, n° 515; Demante, t. I. n° 308 bis; Aubry et Rau. IV, § 472, n. 88; Valette, *Explic. somm.*, p. 119; Demolombe, IV, 341.

femme et par ceux du mari. Il est vrai que l'art. 225 ne parle ni des uns ni des autres, mais cela n'était pas nécessaire, puisque de droit commun tous les biens du débiteur sont le gage de ses créanciers (art. 2092) et ceux-ci peuvent exercer tous les droits et actions de leur débiteur, à l'exception de ceux qui sont exclusivement attachés à la personne. (Art. 1166.) Il est bien certain que l'action en nullité de la femme n'est pas exclusivement attachée à sa personne, et il en est de même de celle du mari. Il est vrai que cette dernière n'est pas fondée en général sur un intérêt personnel et pécuniaire et qu'ainsi elle constitue le plus souvent un droit attaché à la personne. Mais il n'y avait pas là de quoi faire hésiter M. Demolombe. En fait, les créanciers du mari pourront exercer de son chef l'action en nullité toutes les fois qu'on rencontrera cet intérêt personnel et pécuniaire aussi difficile à découvrir dans sa personne que dans celle de ses héritiers[1].

Quant à l'objection tirée de ce qu'il peut y avoir de la part de la femme une question d'honneur et de conscience à exécuter ses engagements, on y répond tout simplement en disant que ce motif n'a pas paru suffisant au législateur pour empêcher les créanciers d'opposer la prescription du chef de leur débiteur.

[1] Merlin, *Quest.*, v° *Hypothèque*, § 4, n° 5; Proudhon, *de l'Usufr.*, V. 2347; Marcadé, sur l'art. 225, n° 4; Aubry et Rau, IV, § 472, note 89; Demolombe, IV, 342; — Cass. 10 mai 1853.

222. Le droit de demander la nullité de l'obligation contractée par la femme sans autorisation n'appartient qu'aux personnes indiquées ci-dessus. Mais je dois maintenant repousser les diverses doctrines dans lesquelles on a voulu l'accorder à quelques autres.

223. *A*. Et d'abord celui qui a cautionné l'obligation contractée par la femme ne saurait être admis à en proposer la nullité. La doctrine contraire serait en opposition formelle avec les articles 2012 et 2036, qui considèrent comme parfaitement valable le cautionnement d'une obligation, « encore qu'elle pût être annulée par une exception purement personnelle à l'obligé. » Et elle ne serait pas moins contraire au but que se sont vraisemblablement proposé les parties en faisant le cautionnement [1].

Si cependant la caution s'était engagée sans avoir connu l'incapacité du débiteur principal, elle pourrait n'être pas tenue, surtout s'il n'y avait pas une bonne foi complète de la part du créancier.

224. *B*. La nullité résultant du défaut d'autorisation ne peut pas non plus être invoquée par le donateur à raison de la donation par lui faite et acceptée par la femme; c'est-à-dire que la donation acceptée par une femme non autorisée est nulle d'une nullité relative, en vertu de l'article 225, et non d'une nullité absolue pour défaut ou pour vice d'acceptation en vertu de l'article 938. C'est là une des questions les plus vive-

[1] Aubry et Rau, t. III, § 424, note 6; Demolombe, IV, 345. — Paris, 24 juillet 1849.

ment controversées de notre matière. Elle divise depuis longtemps la doctrine et la jurisprudence sans qu'aucune des deux opinions parvienne à détacher de l'autre quelques-uns de ses partisans.

Je renonce pour ma part à reprendre ici, pour les réfuter, tous les arguments qu'on a proposés en faveur du système de la nullité absolue. Ce n'est pas qu'il ne soit digne à coup sûr d'une longue et sérieuse dissertation, ni que je craigne de m'y égarer : je trouverais pour cela, dans les partisans de ma doctrine, des guides trop expérimentés. Mais je crois mieux faire en renvoyant à ces auteurs mêmes, et je déduis en quelques mots les motifs de mon sentiment.

Les arguments qu'on a voulu tirer en faveur de la nullité absolue des articles 934, 938, 942 et 1339 ne supportent pas un long examen. Ils exagèrent tous la portée du texte de la loi pour le mettre en contradiction avec son esprit. De ce que la femme ne peut accepter une donation (art. 934), de ce que la donation dûment acceptée est parfaite par le seul consentement des parties (art. 938) ; je ne comprends pas qu'on arrive à conclure au droit, pour le donateur, d'opposer la nullité de l'acceptation. La donation acceptée par une femme non autorisée est imparfaite, je le veux bien ; mais pourquoi appartiendrait-il à un autre qu'à elle-même ou à son mari de se prévaloir de cette imperfection plutôt que de celle de tout autre acte également passé sans autorisation ? Je sais bien que, dans son rapport au Tribunat, M. Jaubert a dit que « l'acceptation qui ne lierait pas le donataire ne saurait engager le donateur ; » mais j'ai peu de confiance dans l'opinion personnelle d'un tribun, si nette et si juridique qu'elle puisse être, lorsqu'elle n'a laissé aucune trace dans la loi.

Je ne m'arrêterai pas à cet argument que les actes, pour lesquels la loi exige une solennité exacte, requièrent par cela même une habilité parfaite dans toutes les personnes qui y figurent; il est de ceux qui prouvant trop, ne prouvent rien. Je répondrai à ceux qui voient dans l'acceptation émanant d'une femme mariée non autorisée un défaut de formes dans la donation, qu'ils confondent ici une question de formes avec une question de capacité. Autre chose est une donation non acceptée, autre chose une donation acceptée par un incapable. Enfin, je rassurerai ceux qui tremblent pour le principe de l'irrévocabilité des donations en leur citant ces paroles de deux savants professeurs partisans de la nullité absolue, MM. Aubry et Rau : « Et quant au principe de l'irrévocabilité spécialement établi par la loi en matière de donations entre-vifs, il concerne bien moins le donataire que le donateur. »

Il me semble que j'ai maintenant le droit de dire que ni les textes ni les principes généraux du Code Napoléon sur la matière des donations n'autorisent au profit du donateur une exception à cette règle, posée par l'article 225, que la nullité résultant du défaut d'autorisation ne peut être invoquée que par la femme, par le mari et par leurs héritiers[1].

225. *C.* Le tiers, avec qui une femme mariée non autorisée aurait fait un compromis, ne serait pas recevable à invoquer la nullité de cet acte, bien que les causes des femmes soient au nombre de celles sur lesquelles la loi défend de compromettre. (Cbn. articles 1004 et 83, 6°, Code de pr. civ.).

226. *D.* Malgré les termes de l'article 1125, qui ne prive expressément du droit d'invoquer la nullité que ceux qui ont contracté avec la femme, il faut dire qu'elle ne peut pas être opposée non plus par les tiers non contractants. L'incapacité de la femme mariée n'a pas été établie dans l'intérêt de ces derniers et l'article 225 ne distingue pas.

Ainsi le tiers détenteur d'un immeuble hypothéqué par la femme sans autorisation n'a pas qualité pour demander la nullité de l'hypothèque. L'acquéreur ou adjudicataire ne peut invoquer davantage celle de la surenchère qu'une femme non autorisée a formée à son préjudice. Sans doute la surenchère est nulle,

[1] Conf. Pothier, *des Oblig.*, n° 52; Toullier, II, 661, V, 193 et 196; Valette, *sur Proudhon*, II, p. 479 et suiv.; Mercadé, sur l'art. 935, n° 5; Dalloz, *Alphab.*, t. X, p. 151, n° 10; Mourlon, *Rép. écr.* t. II, p. 327. Demolombe, t. IV, 348. Colmar, 13 décembre 1808; Nancy, 4 fév. 1839; Alger, 31 juillet 1854.

En sens contraire : Merlin, *Rep.* v° *Donations*, section IV, n° 1; Proudhon, II, p. 479; Grenier, t. 1, n° 61; Troplong, III, 1119; Coin-Delisle, sur l'art. 935, n° 20; Bugnet, *sur Pothier*, t. II, p. 30, note 6; Aubry et Rau, V, § 652, note 11. — Cass., 11 juin 1816 et 14 juillet 1856; Aix, 19 novembre 1857.

parce qu'elle constitue non pas un acte conservatoire, mais une véritable acquisition, et que le délai pour la former est de rigueur ; mais il y a loin de là à permettre à l'acquéreur ou adjudicataire d'invoquer cette nullité[1].

Ce principe relatif aux tiers qui n'ont pas traité avec la femme reçoit des applications importantes en matière judiciaire : je m'en occuperai spécialement dans le paragraphe suivant.

II. — *Du temps pendant lequel la nullité peut être demandée.*

227. La nullité résultant du défaut d'autorisation peut être invoquée pendant toute la durée du mariage, et même pendant dix ans après sa dissolution, du moins en ce qui concerne la femme. Je renvoie les détails sur ce sujet au paragraphe IV où j'examinerai comment peut se couvrir cette nullité.

§ III. — De la situation faite aux tiers qui ont contracté avec la femme, et des effets de la nullité en matière d'actes judiciaires.

228. I. La nullité résultant du défaut d'autorisation ne pouvant être invoquée que par la femme, le maintien ou l'anéantissement du contrat est laissé en définitive à la discrétion ou au caprice de cette dernière. La position de son cocontractant paraîtra plus désavantageuse encore, si l'on réfléchit que, l'acte étant

[1] Aubry et Rau, IV, § 472, note 93; Demolombe, IV, 350. — Grenoble, 11 juin 1825; *Civ. rej.*, 11 juin 1845. — En sens contraire, Troplong. *Hypoth.*, IV, 951. — Grenoble, 30 août 1850.

annulé, le tiers est tenu de remettre à la femme tout ce qu'elle a payé ou livré, tandis que celle-ci est seulement tenue jusqu'à concurrence de ce dont elle a profité, *quatenus locupletior facta est*. (Art. 1241 et 1312.)

229. Cette faveur singulière accordée à la femme et ce danger imminent suspendu sur la tête des tiers ont fait se demander si ces derniers peuvent refuser l'exécution du contrat lorsque la femme l'exige sans autorisation, ou tout au moins ne l'accorder qu'après avoir obtenu des garanties suffisantes pour n'en pas devenir les victimes. L'affirmative ne saurait être douteuse. La prétention des tiers est on ne peut plus juste et il n'y a pas un seul texte à leur opposer. Ils ne viennent pas provoquer la nullité du contrat passé entre eux et la femme ; ils se mettent tout simplement à la disposition de cette dernière. A elle de choisir entre la nullité de l'acte et son exécution ; mais il serait trop dur de refuser aux tiers le bénéfice de leur propre expérience. Il est bien entendu que si la femme demandait l'exécution, après la dissolution du mariage, ou avec l'autorisation de son mari, elle ne pourrait lui être refusée, car la nullité serait par là-même couverte, et tout danger aurait disparu[1].

230. Les mêmes motifs ont soulevé une autre question, celle de savoir si le tiers, après avoir exécuté, n'aurait pas le droit d'interpeller la femme, le mari

[1] Demolombe, IV, 345 ; Mourlon, *Répét.*, I, p. 411, note 1.

ou leurs ayant cause pour les mettre en demeure de prendre parti, c'est-à dire de choisir entre la nullité ou la validité du contrat. On comprend facilement tout l'intérêt que peut avoir le tiers à l'exercice d'un pareil droit, et l'on ne voit pas trop, au premier abord, pourquoi on le lui refuserait; sa prétention ne paraît ni moins juste, ni moins fondée que dans la précédente hypothèse, mais, en y réfléchissant bien, on ne tarde pas à changer d'avis. Il est vrai de dire que les actions *provocatoires* ou *ad futurum* ne sont pas tout à fait interdites dans notre droit; elles n'y sont admises néanmoins que dans des cas exceptionnels[1], et je ne crois pas qu'elles puissent être permises dans notre hypothèse. Il me paraît contraire à la loi qu'un tiers puisse offrir à la femme l'alternative dont j'ai parlé et la mettre par là même en demeure, soit de ratifier, soit d'intenter immédiatement son action en nullité. Ce serait faire trop bon marché de l'article 1304 qui veut que la femme ait dix ans, à partir de la dissolution du mariage pour intenter son action en nullité et qui ne me paraît pas entendre le moins du monde que le créancier puisse la priver de ce délai[2].

251. II. Appliquant aux matières judiciaires les principes énoncés dans ce paragraphe et dans le précédent, je résous négativement la question de savoir si l'assignation donnée par la femme non autorisée est nulle en elle-même, ainsi que l'acte d'appel ou le

[1] Aubry et Rau, t. VI, § 746, note 4; Devilleneuve, Sir., 50, 2, 1.
[2] *Contrà*, M. Demolombe, IV, 346 et 347.

pourvoi en cassation. Ces actes seront parfaitement valables dès lors qu'ils auront été régularisés par une autorisation [1].

232. Est-ce à dire que l'adversaire de la femme pourra être tenu de lier l'instance avant que cette autorisation ne soit intervenue? Cela n'est évidemment pas admissible. Il peut, soit appeler le mari en cause et le mettre en demeure d'autoriser sa femme, soit refuser simplement de plaider jusqu'à ce que la femme soit autorisée en lui opposant une sorte d'exception dilatoire. Enfin il n'est pas douteux que l'adversaire de la femme puisse plaider, s'il y consent, mais non proposer aucune nullité fondée sur le défaut d'autorisation dans l'assignation [2].

A l'inverse, les assignations données par des tiers à la femme seule ne sont pas nécessairement nulles. Il suffit pour les valider d'une assignation donnée ultérieurement au mari ou d'une autorisation émanée de lui [3].

Il suit de là que l'assignation donnée à la femme seule dans le délai utile pour agir contre elle suffit à sauver de la déchéance le droit du demandeur, pourvu, bien entendu, que le mari soit plus tard assigné, ou accorde son autoriseation. Une semblable assignation peut être

[1] Demolombe, IV, 351. — Cass. 21 novembre 1845 et 15 décembre 1847.

[2] Merlin, *Rép.*, *add.*, v° *Autor. marit.*, sect. III, § 4, t. XVI, p. 89; Demolombe, IV, 351, et un certain nombre d'arrêts.

[3] *Req. rej*, 5 août 1812; Dalloz, *Alphab.*, v° *Exploit.*, t. VII, p. 716.

considérée simplement comme un acte conservatoire[1]. Je dois déclarer que la jurisprudence s'est presque constamment prononcée dans le sens contraire[2].

Dans la pratique, le demandeur, et il a raison, assigne presque toujours le mari lui-même conjointement avec sa femme et à l'effet de l'autoriser.

233. Quant aux jugements ou arrêts rendus contre la femme non autorisée ou à son profit, ils ne peuvent pas être attaqués par son adversaire, mais seulement par elle-même ou par son mari. Il faudra procéder ici non pas par voie d'action principale en nullité: *voies de nullité n'ont lieu en France contre les jugements*, mais bien par les voies ordinaires de réformation des jugements, l'opposition, l'appel, le pourvoi en cassation. Je ne crois pas que la requête civile soit ouverte à la femme, mais la tierce opposition l'est au mari, s'il y a intérêt.

234. On admet généralement que la femme n'est mise en demeure d'attaquer le jugement rendu contre elle que par une signification faite non-seulement à elle-même, mais encore à son mari[3].

[1] Demolombe, IV, 352. — Paris, 13 août 1823.

[2] Merlin, *loc. cit.* — Cass. 15 mars 1837; *Req. rej.*, 15 mai 1858.

[3] Sur ces divers points, voir : Dalloz, *Alphab.*, v° *Mariage*, t. X, p. 152, n° 12; Rolland de Villargues, *Rép. du not.* v° *Autorisat. marit.*, n° 214. — Cass. 7 octobre 1812; Cass. 9 janvier 1822. — Duranton, II, 468; Demolombe, IV, 355; Aubry et Rau, t. II, § 472, notes 96 à 102.

§ IV. — De la manière dont peut se couvrir la nullité résultant du défaut d'autorisation.

255. Il n'est pas douteux que sous l'empire du Code Napoléon, l'obligation contractée par la femme sans autorisation puisse être confirmée ou ratifiée et acquérir ainsi la même force qu'une obligation valable dès l'origine (art. 1338, 3e al.). Il n'existait rien de semblable dans notre ancien droit ; la nullité résultant du défaut d'autorisation ne pouvait s'y couvrir. La ratification dont il est quelquefois parlé dans nos anciens auteurs n'avait pas d'effet rétroactif, elle était plutôt un nouveau contrat qu'une véritable ratification.

256. La nullité résultant du défaut d'autorisation se couvre de deux manières : expressément ou tacitement (art. 1338 et 1304).

257. I. La ratification expresse peut être consentie soit par les deux époux, auquel cas l'acte devient valable à l'égard de tous, puisqu'il est complétement purgé du vice dont il se trouvait entaché à son origine. Je dis que l'acte devient valable à l'égard de tous, car la confirmation des époux enlève à leurs créanciers respectifs le droit de demander la nullité ; toutefois il en serait autrement si la confirmation était postérieure à la demande en annulation formée par ces derniers et si elle avait eu lieu en fraude de leurs droits.

258. La ratification expresse peut émaner de la femme seule valablement autorisée à cet effet. Le résultat

sera le même que dans l'hypothèse précédente, si cette autorisation lui est donnée par son mari à qui l'on ne peut opposer la confirmation faite par sa femme avec l'autorisation de justice.

239. La ratification expresse peut encore émaner du mari seul : dans ce cas, elle n'a d'effet qu'à son égard, elle ne peut être opposée à la femme dont l'action en nullité est distincte de celle du mari. C'est un point sur lequel je me suis étendu au chapitre III, § 3.

J'ai supposé jusqu'ici que la ratification avait lieu pendant le mariage. Si elle intervenait après sa dissolution, elle ne pourrait jamais être opposée qu'à ceux de qui elle est émanée. Cela n'est contesté par personne[1].

240. II. La confirmation tacite peut résulter, soit de l'exécution volontaire (art. 1338, al. 2), soit de l'expiration du délai de dix ans (art. 1304).

Il faut appliquer aux effets de l'exécution volontaire les mêmes distinctions que j'ai indiquées pour ceux de la confirmation expresse.

Quant à l'expiration du délai de dix ans, elle emporte extinction de l'action en nullité. C'est l'application de la règle générale de l'article 1304, faite par cet article lui même aux actes passés par les femmes mariées non autorisées. Le point de départ de ce délai de dix ans est le jour de la dissolution du mariage, du moins en ce qui concerne la femme, car je ne vois au-

[1] Voir, MM. Aubry et Rau, IV, § 472, note 101.

eune raison décisive de suspendre la prescription au profit du mari pendant le mariage. Il est parfaitement libre d'agir sans le concours de la femme, il n'a rien à craindre, puisqu'il use de son droit et qu'il n'a rien à se reprocher. J'ajoute qu'il est d'ordre public que le sort des actes annulables ne reste pas trop longtemps incertain, et qu'il est conforme à la dignité du mari ou de pardonner immédiatement à sa femme, ou de lui rappeler au plus tôt ses devoirs d'épouse un instant méconnus. L'action en nullité doit donc se prescrire contre le mari par l'expiration de dix ans à partir du jour où il a eu connaissance de l'acte passé sans son autorisation[1].

241. J'ai dit en commençant que la ratification avait un effet rétroactif au jour de la passation du contrat, mais cela ne doit pas préjudicier aux droits des tiers (art. 1338, 3ᵉ al.). Les *tiers* dont il s'agit ici sont ceux à qui la femme aurait cédé expressément son action en nullité ou consenti des droits réels incompatibles avec le maintien de son obligation. Mais on ne saurait comprendre sous cette dénomination les simples créanciers chirographaires à qui la ratification peut être opposée, pourvu toutefois qu'elle n'ait pas eu lieu en fraude de leurs droits[2].

242. On admet généralement qu'à la différence de la nullité résultant du défaut d'autorisation pour ester en jugement, la nullité qui résulte du défaut d'autori-

[1] En sens contr., Toullier, VII, 615; Valette, *sur Proudhon*, I, p. 487, note 6; Aubry et Rau, IV, § 472, note 109; Montpellier, 27 avril 1851.
[2] *Req. rej.*, 17 août 1855; *Req. rej.*, 8 mai 1854.

sation pour contracter ne peut pas être invoquée pour la première fois devant la Cour de cassation[1].

Je dois me restreindre à l'exposé de ces quelques principes sur la confirmation tacite qui à elle seule fournirait facilement la matière d'une étude longue et approfondie.

APPENDICE

243. Il me reste à faire en terminant deux observations :

La première, c'est que la règle de l'incapacité de la femme mariée est de celles qui saisissent les individus dans quelque situation qu'ils se trouvent à l'époque de leur promulgation. Il en est ainsi de toutes les règles qui s'occupent de la capacité des personnes, à la différence de celles qui se rapportent à leur état. Ainsi la femme mariée avant le Code Napoléon, sous l'empire de quelque coutume que ce soit et sans tenir compte de ses conventions matrimoniales, est, depuis la promulgation de ce Code, soumise à toutes les règles d'incapacité que je viens d'exposer[2].

244. La seconde, c'est que cette même incapacité con-

[1] *Req. rej.*, 4 avril 1853 et 4 août 1859 ; Cass. 15 décembre 1847 et 18 août 1857.

[2] Proudhon, t. I, p. 20, 3° ; Merlin, *Rép.*, v° *Effet rétroactif*, sect. III, § 2, art. 5, n° 3 ; Duvergier, *sur Toullier*, I, p. 62 ; Aubry et Rau, t. I, § 30, notes 18 et 20 ; Demolombe, I, 44. — Cass. 3 janvier 1832, 19 novembre 1832 et 7 décembre 1856.

stitue pour la femme mariée un statut personnel[1]. D'où il résulte qu'elle la suit en pays étranger et que le changement de nationalité la soustrait seul à l'empire de ce statut. (Art. 3, al. 3.) Ainsi la femme française ne peut en pays étranger passer valablement sans autorisation les actes pour lesquels elle doit être autorisée en France. A l'inverse, la femme étrangère non autorisée peut ester en jugement ou contracter en France, si l'autorisation maritale n'est pas requise pour la validité de ces actes en vertu de la loi de son pays. (Arg., art. 3, al. 3[2].)

[1] Merlin, *Rép.*, v° *Autorisat. maritale*, sect. x, nos 2 et 3; Aubry et Rau, t. I, § 31, note 10.

[2] Merlin, *Rép.*, v° *Loi*, § 6; Proudhon et Valette, I, p. 80 et suiv.; Demolombe, I, 98; Aubry et Rau, I, § 31 note 22; M. Demangeat, *Condition des étrangers*, n° 82. — Bastia, 16 février 1844.

POSITIONS

DROIT ROMAIN

I. La *filiafamilias* est en droit romain parfaitement capable de s'obliger.

II. La loi 15, au Code *ad Senat. Cons. Vell.*, ne s'oppose pas à ce que la femme qui emprunte pour son mari puisse invoquer le sénatusconsulte contre le créancier, lorsque celui-ci n'ignore pas qu'elle emprunte pour autrui.

III. La femme ne peut plus opposer le sénatusconsulte dès qu'elle a reçu quelque chose pour intercéder, sans distinguer si elle a reçu peu ou beaucoup.

IV. La femme ne peut jamais renoncer au sénatusconsulte Velléien.

V. Il n'y a pas une *in integrum restitutio* proprement dite dans l'action restitutoire accordée au créancier par le préteur.

VI. Le créancier n'a pas besoin d'action restitutoire contre les tiers détenteurs des objets hypothéqués par l'ancien débiteur, parce que l'ancienne action hypothécaire n'a pas cessé de subsister.

VII. Les derniers mots de la loi 24, § 3, *ad S. C. Vell.* D., peuvent s'entendre sans une correction du texte de cette loi.

VIII. Le sénatusconsulte Velléien ne permet pas que la femme soit obligée même naturellement.

IX. La formalité d'un acte public introduite par Justinien est nécessaire même dans les cas exceptionnels où la femme aurait pu valablement intercéder.

X. L'authentique *si qua mulier* ne s'applique pas aux actes qui ne sont considérés comme des intercessions que s'il y a mauvaise foi du créancier.

XI. Mais elle s'applique au contraire, de même que la loi 23, § 2 au Code, malgré la renonciation de la femme.

XII. Du temps des jurisconsultes classiques, la femme n'a pour répéter sa dot qu'une action personnelle munie d'un privilége.

DROIT FRANÇAIS

DROIT CIVIL

I. L'incapacité de la femme mariée est établie : 1° dans l'intérêt de la puissance maritale, 2° dans l'intérêt de l'union conjugale, mais non dans l'intérêt personnel de la femme.

II. L'autorisation est nécessaire à la femme pour ester en jugement alors même qu'elle demande la nullité de son propre mariage.

III. La femme mariée peut ester en jugement sans autorisation, lorsqu'elle est poursuivie par la partie civile seulement, mais devant un tribunal correctionnel ou de police.

IV. La femme séparée de biens peut sans autorisation acquérir même des immeubles, pourvu que cela constitue de sa part un acte d'administration.

V. Elle ne peut pas sans autorisation s'obliger jusqu'à concurrence de son mobilier pour une cause étrangère à l'administration de ses biens.

VI. L'autorisation du mari peut être verbale, mais elle ne peut se prouver par témoins.

VII. L'autorisation tacite peut s'induire d'autres circonstances que du concours du mari dans l'acte.

VIII. L'autorisation du mari ne saurait être postérieure à l'acte, c'est-à-dire que sa ratification ne couvre la nullité qu'à son égard et non à l'égard de la femme.

IX. L'autorisation de justice est nécessaire à la femme dont le mari est pourvu d'un conseil judiciaire, lorsque l'acte à faire par elle est de ceux pour lesquels il faut au mari l'assistance de son conseil.

X. La femme autorisée à plaider en séparation de biens est par cela même autorisée à faire les actes nécessaires à l'exécution du jugement de séparation, ce qui comprend la faculté de surenchérir sur un des immeubles du mari.

XI. L'autorisation de plaider en général n'est valable que pour la première instance, elle n'emporte pas celle d'appeler, ou de se pourvoir en cassation, ou de faire valoir ses droits par aucune autre voie extraordinaire.

XII. L'autorisation du mari suffit pour habiliter la femme, soit à s'obliger envers un tiers dans l'intérêt du mari lui-même, soit à contracter directement avec lui.

XIII. L'action en nullité qui appartient au mari et à la femme, pour cause de défaut d'autorisation, peut être exercée par leurs créanciers.

XIV. Le donateur n'a point qualité pour se prévaloir de la nullité de la donation entre-vifs acceptée par la femme sans autorisation.

XV. Le tiers qui a contracté avec la femme non autorisée peut refuser d'exécuter son obligation, si la femme ne lui fournit pas la ratification du mari et la sienne propre ou des garanties suffisantes contre l'exercice de l'action en nullité.

XVI. Le délai de dix ans accordé par l'article 1304 commence à courir à l'égard du mari du jour où il a eu connaissance de l'acte fait par la femme sans son autorisation.

XVII. Le mari ne peut, sous le régime de la communauté, accepter une succession purement mobilière échue à sa femme.

PROCÉDURE

I. L'autorisation pour la femme de plaider comme demanderesse en appel ou en cassation doit être accordée par la Cour impériale ou la Cour de cassation, et non par le tribunal de première instance.

II. La procédure en matière d'autorisation doit se passer tout entière dans la chambre du conseil, y compris les conclusions du ministère public et les jugements ou arrêts.

DROIT COMMERCIAL

I. La justice ne peut, en aucun cas, autoriser la femme à faire le commerce, ni à le continuer lorsque le mari révoque l'autorisation qu'il avait donnée d'abord à cet effet.

II. Les actes faits par la femme marchande publique ne sont pas présumés relatifs à son commerce, à moins qu'ils ne contiennent une mention conforme, ou que leur forme ne soit essentiellement commerciale.

DROIT CRIMINEL

I. La dégradation civique encourue par le mari n'emporte pas contre lui déchéance de son droit d'autorisation.

II. La poursuite en adultère intentée contre la femme du vivant du mari cesse par le seul fait de son décès avant que la condamnation n'ait été prononcée.

III. La tentative d'avortement n'est jamais punissable.

DROIT ADMINISTRATIF

La photographie n'est pas une œuvre d'art à laquelle doive s'appliquer la loi de 1793 et les articles 425 et 427 du Code pénal.

DROIT DES GENS

I. La femme étrangère n'a pas besoin d'être autorisée de son mari pour ester en jugement ou contracter en France, si l'autorisation ne lui est pas nécessaire d'après la loi de son pays.

II. Les neutres ne peuvent pas laisser construire dans leurs ports des vaisseaux de guerre destinés à l'une des nations belligérantes.

HISTOIRE DU DROIT

I. Depuis le sénatusconsulte Velléien jusqu'à la Novelle 134, il n'a existé aucun droit spécial relativement aux intercessions des femmes pour leurs maris.

II. La légitime des pays de coutume n'était pas d'origine coutumière, elle avait été empruntée au droit romain.

Vu par le Président,
CH. DEMANGEAT.

Vu par le Doyen de la Faculté,
C. A. PELLAT.

Permis d'imprimer.

Le Vice-Recteur,
A. MOURIER.

TABLE DES MATIÈRES

DROIT ROMAIN

DROIT FRANÇAIS

PARIS. — IMP. SIMON RAÇON ET COMP., RUE D'ERFURTH, 1.

PARIS. — IMP. SIMON RAÇON ET COMP., RUE D'ERFURTH, 1.

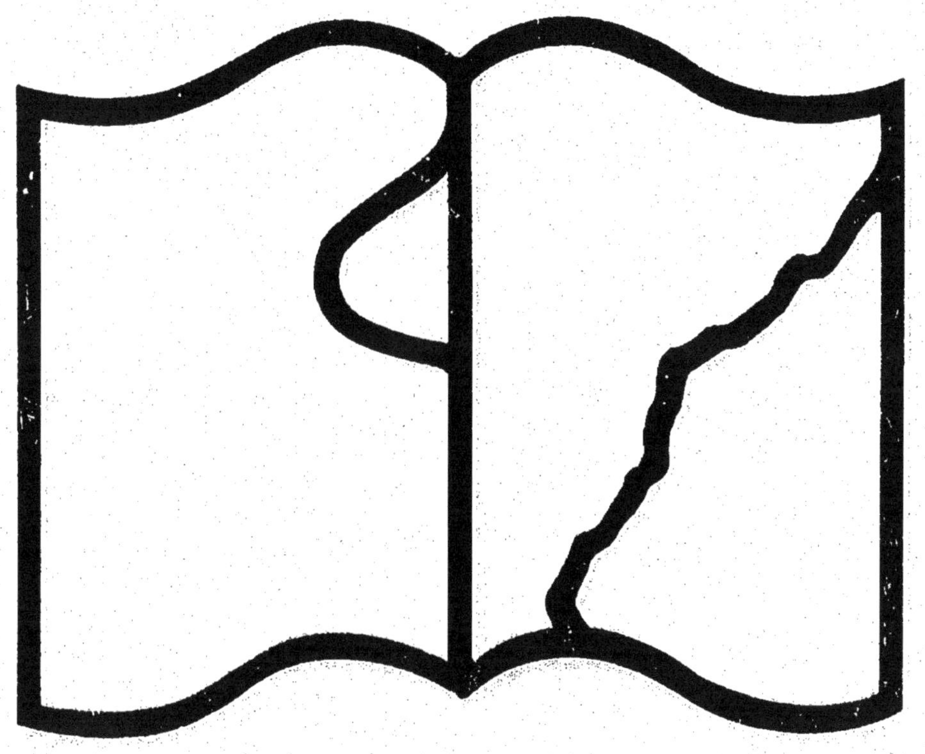

Texte détérioré — reliure défectueuse

NF Z 43-120-11

Contraste insuffisant

NF Z 43-120-14

www.ingramcontent.com/pod-product-compliance
Ingram Content Group UK Ltd.
Pitfield, Milton Keynes, MK11 3LW, UK
UKHW020557230726
13926UKWH00005B/2063